**ULRIKE GUÉROT
DER NEUE BÜRGERKRIEG**

Das Buch

Der europäische Rechtspopulismus spaltet die Nationen. Großbritannien, Österreich, die Niederlande, Polen, Ungarn oder Frankreich sind zutiefst zerrissene Gesellschaften. Anhänger und Gegner der populistischen Parteien stehen einander unversöhnlich gegenüber: Auf der einen Seite die europäischen Identitären, die Europa abschotten und seine überholte nationalstaatliche Ordnung beibehalten wollen, auf der anderen Seite eine liberale, progressive Zivilgesellschaft, die Europa dezentral, sozial und parlamentarisch organisieren möchte. Dieser historische Prozess ist notwendig und gut, so die Politikwissenschaftlerin Ulrike Guérot. Denn der »neue Bürgerkrieg« macht den Weg frei für ein Europa, in dem die politische Positionierung wichtiger ist als die nationale Zugehörigkeit. Die Anhänger einer weltoffenen Zivilgesellschaft sind europaweit in der Mehrheit. Sie haben sich nur noch nicht zu einer politischen Bewegung verbunden. Sobald das geschieht, ist der Spuk von Renationalisierung und Populismus vorbei und der Weg frei für ein modernes, freiheitliches Europa jenseits der Nationalstaaten.

Die Autorin

Ulrike Guérot, Jahrgang 1964, ist Politikwissenschaftlerin, Gründerin und Direktorin des European Democracy Labs an der European School of Governance in Berlin und seit 2016 Professorin und Leiterin des Departments für Europapolitik und Demokratieforschung an der Donau-Universität Krems/Österreich. Sie hat zwanzig Jahre in Think-Tanks in Paris, Brüssel, London, Washington und Berlin zu Fragen der europäischen Integration und der Rolle Europas in der Welt gearbeitet. Ihr Buch *Warum Europa eine Republik werden muss* hat europaweit für Aufmerksamkeit gesorgt.

ULRIKE GUÉROT

DER NEUE BÜRGER KRIEG

DAS OFFENE EUROPA UND SEINE FEINDE

Ullstein

Für Elmar Koenen

Inhalt

Vorab 9

Teil I: Die europäische Krise und ihre Ursachen 13

    Europa im »Kalten Frieden« 13
    Die doppelte Matrix des europäischen Bürgerkriegs 17
    Die Ursprünge des europäischen Populismus 23
    Nationale Verführung: deutsche Frage *reloaded* 29

Teil II: Die Entscheidung: Zurück in die Geschichte? 39

    Europäischer Geist versus Ungeist 39
    Was uns erwartet 47
    Wer ist das Volk? 54

Teil III: Der Weg nach Europa 61

    Europäischer Vormärz 61
    Die Neubegründung Europas: *Politics tops Nation* 69
    Die große Reformation oder: Europa üben 78

Zum Schluss 87

Auswahlbibliographie 93

»Der Sinn von Politik ist Freiheit.«

Hannah Arendt

Vorab

Die einen sprechen von Kulturkampf, die anderen von Bürgerkrieg. Auf jeden Fall ist Europa in Aufruhr, sind die europäischen Gesellschaften tief gespalten. Gegenüber stehen sich einerseits die sogenannten Identitären – Marine Le Pen, Geert Wilders, Norbert Hofer oder Frauke Petry –, die durch ihr Frauenbild, ihre Islamophobie oder die Ablehnung von Homosexualität ein reaktionäres Weltbild vertreten und die Abschaffung der bestehenden europäischen Ordnung anstreben; auf der anderen Seite eine europäisch gesinnte Zivilgesellschaft, alarmierte Jugendliche oder besorgte Bürger als Verteidiger der europäischen Aufklärung im Sinne des Erbes der Französischen Revolution. Es ist keine Auseinandersetzung zwischen Nationen, sondern eine politisch-ideologische Frontstellung, die längst paneuropäisch verläuft.

In diesem Essay bezeichne ich diesen Prozess als den neuen europäischen Bürgerkrieg. Um jedem Missverständnis vorzubeugen: Nein, es geht nicht um Bürgerkriegssituationen wie in Syrien oder in der Ukraine. Noch ist alles – weitgehend – ruhig in Europa. Und doch erleben wir eine nicht gekannte verbale Aufrüstung. Marine le Pen, FPÖ-Chef Heinz-Christian Strache oder die Oberrandalierer der AfD, Björn Höcke und André Poggenburg, führen das Wort »Bürgerkrieg« längst im Munde. Wir sollten das ernst nehmen, denn mit dem Credo der Berufsoptimisten, dass sich alles schon wieder einrenken wird, ist es nicht mehr getan – auch wenn der rechtspopulistische Auftrieb zunächst einmal gestoppt scheint und die Verteidigung Europas in diesem Frühjahr 2017 aufgrund vielfältiger politischer Verschiebungen und Initiativen eine neue Blüte erlebt.

Im europäischen Bürgerkrieg gegenüber stehen sich Globalisierungsverlierer und Globalisierungsgewinner, urbane Zentren und ländliche Regionen, Jung und Alt, Arm und Reich, Identitäre und Kosmopoliten. Es herrscht eine fast prärevolutionäre Situation, die mit dem klassischen politischen Schema von rechts und links nichts mehr zu tun hat; wohl aber mit dem Paradigma des Bürgerkriegs, nämlich Beherrschte gegen Herrschende oder eben »Volk« gegen Elite. Anders formuliert: Die europäischen Nationalstaaten zerfallen als politische Körper.

Dieser Moment der größten europäischen Krise seit Gründung der EU könnte zur Geburtsstunde eines neuen Europas werden, in dem die europäischen Nationalstaaten zu einer wirklichen politischen Einheit verschmelzen, weil die europäischen Bürger diese politische Einheit jenseits der Brüsseler Institutionen neu begründen. Oft gehen Bürgerkriege großen Einigungen voraus: So war es in Amerika 1865 oder in der Schweiz 1847. In Europa kann es friedlich bleiben, wenn wir uns jetzt auf den Weg machen, diesen Prozess zu gestalten, anstatt ihn zu leugnen oder zu erleiden. Europa *kann* Umbrüche friedlich gestalten, das haben wir 1989 erlebt.

Wenn wir die »granulare Stunde« Europas, in der wir uns befinden, den Moment der Fäulnis der europäischen Nationalstaaten, also richtig deuten, und zwar als Übergang von einem Aggregatzustand in einen anderen, dann können uns die Rechtspopulisten eine Mammutaufgabe abnehmen, indem sie die Nationalstaaten, die zu einen sie vorgeben, de facto spalten und damit kaputtmachen. Das würde es ermöglichen, die inzwischen von tatsächlicher Souveränität weitgehend entkernten Gehäuse der Nationalstaaten von der europäischen Landkarte zu entfernen. Gut so, denn sie müssen weg! Fast augenzwinkernd möchte man anmerken, dass der europäische Rechtspopulismus, der eine Reaktion auf den hyperventilierenden Neoliberalismus und die Fehlkonstruktion des Euro ist, jetzt vielleicht der Engels'schen Prognose zur Wahrheit verhilft, derzufolge der Kapitalismus zum »Absterben des Staates« führt.

Lassen wir also die Populisten diese Abrissarbeit leisten. In einem demokratischen Europa, in dem die Bürger tatsächlich der Souverän des politischen Systems sind, haben Nationalstaaten keinen Platz. Europa ist ohne die entschiedene Ablehnung des Nationalstaats als vermeintlichem Inhaber von Souveränität gar nicht denkbar. Sich daran zu erinnern ist das Gebot der Stunde!

Anstatt also wie das Kaninchen vor der Schlange des Rechtspopulismus zu kauern, sollten die europäischen Bürger das Zepter in die Hand nehmen und sich die Zerschlagung der Nationen durch die Populisten zunutze machen. Sie sollten einen emanzipatorischen Prozess in die Wege leiten, der ein vereintes Europa auf dem Grundsatz der allgemeinen politischen Gleichheit aller Bürger begründet und in dem Freiheit und Gleichheit in eine neue Beziehung zueinander gestellt werden. Ich nenne diesen Prozess den »europäischen Vormärz« – eine *Road Map* für alle, die über die derzeitigen Entwicklungen zutiefst besorgt sind. Motto für diese politische Neugründung Europas muss sein: ein Markt – eine Währung – *eine* Demokratie! Nur ein solcher Prozess vermag den europäischen Bürgerkrieg zu überwinden und das Übel des Rechtspopulismus, dessen Nistplatz der Nationalstaat ist, zu beseitigen. Die zentrale These in diesem Buch ist, dass es für diesen Weg europaweit eine große Mehrheit gibt – aber eben *nur* europaweit: Das politische Feld in Europa muss dafür restrukturiert werden! Diese Streitschrift soll einen Beitrag dazu leisten, dass endlich *richtig* über Europa diskutiert wird.

Teil I

Die europäische Krise und ihre Ursachen

Europa im »Kalten Frieden«

»Ewiger Friede auf unserem Kontinent, Europa ist ohne Alternativen – das ist einfach nicht mehr zu halten.«
Frank-Walter Steinmeier

Es herrscht Unfrieden in Europa. Der Kontinent befindet sich im »Kalten Frieden« – da, wo der heiße Krieg zwischen EU-Staaten unmöglich erscheint und der Kalte Krieg bis auf weiteres vorbei ist. Europa scheint zur leichten Beute zu werden, wahlweise für Putin oder den Terror des IS. Es wird zerrieben durch äußere Einflüsse, denen es – von der Türkei über die Ukraine bis zum Syrienkrieg – kaum etwas entgegenzusetzen hat, vor allem eines nicht: Einigkeit. Allem voran scheitert Europa an sich selbst!

Die Parole »Nie wieder Krieg«, immer wieder beschworen von den europäischen Gründungsvätern bis zu heutigen Politikern, klingt hohl angesichts des »Kalten Friedens« innerhalb Europas und des Unfriedens mit der Außenwelt. Die europäische Friedenserzählung ist doppelt brüchig geworden. Es waren das kolossale Missmanagement der Eurokrise und dann die Flüchtlingskrise, die die politische Spaltung und die sozialen, wirtschaftlichen und kulturellen Zerwürfnisse in Europa befördert haben, an denen die EU jetzt zu scheitern droht und die das Potential haben, sich zu einem Bürgerkrieg auszuweiten. Europa ist tief gespalten in Nord und Süd, Ost und West. Aber nicht nur das. Auch die nationalen Gesellschaften sind gespalten – und diese Spaltung macht die Nationalstaaten vollends unfähig, europäisch zu handeln.

Es sind nicht die Einzelphänomene, die Angst machen, sondern es ist die Zusammenschau aller Krisenerscheinungen, die einen Vorgeschmack auf den europäischen Bürgerkrieg bietet: Arbeitslosigkeit, Individualismus, Niedergang traditioneller Konfessionen, demographischer Wandel, Fundamentalismus, Terror, Migration und Flüchtlinge, Verarmung, drastischer Bildungsverfall, Kriminalität, Polarisierung zwischen Arm und Reich. Hinzu kommt überall in Europa die Konfrontation zwischen der »Elite«, der oligarchischen Politikerkaste, und unzufriedenen Populisten, die beanspruchen, »das Volk« zu sein. Der sich ankündigende europäische Bürgerkrieg ist de facto ein transnationaler Verteilungskampf *und* ein Kulturkampf, die beide national nicht mehr zu lösen sind und die zu lösen die EU kein Instrumentarium hat, weswegen sie an ihnen zugrunde geht – und die europäischen Demokratien dabei in den Abgrund zieht.

Das Wort von der »Weimarisierung Europas« geistert durch die Gazetten. Bei französischen Diners wird vom *guerre civile* gewispert, und das Aufgebot von Panzerfahrzeugen während der *Nuit Debout* an der *Place de la République* in Paris im Frühjahr 2016 war ein deutliches Zeichen. In Brüssel patrouilliert Militär, in Deutschland wird über den Einsatz der Bundeswehr im Innern diskutiert. Frankreich befindet sich im Dauer-Ausnahmezustand, an der Gare du Nord ist mehr Polizeiaufgebot als am Flughafen von Bogotá. Die aktuelle Beschwörung der Zivilgesellschaft kann nicht darüber hinwegtäuschen, dass längst eine schleichende Militarisierung der europäischen Gesellschaften stattfindet. Auf dem Nährboden von Angst- und Sicherheitsdiskursen gedeiht der Überwachungsstaat.

»Der molekulare Bürgerkrieg beginnt ganz unmerklich,

ganz ohne Mobilmachung«, schrieb Hans Magnus Enzensberger schon in den neunziger Jahren, als die derzeitige Krise Europas auch in schlimmsten Alpträumen nicht vorstellbar war. Nun ist sie da, und mit ihr ein neuer Aggregatzustand des Politischen, in dem alles zu zerfließen scheint – Recht, Sicherheit, Ordnung, Deutungshoheiten, Wahrheiten und morgen vielleicht Frieden, Freiheit, Demokratie, kurz: alles, was uns in Europa lieb ist. Stefan Zweigs *Die Welt von gestern* ist wieder ein Bestseller.

Jede Epoche ist unmittelbar zu Gott, schrieb Leopold von Ranke. Insofern wiederholt sich die europäische Geschichte von 1914 bis 1945 nicht. Nichts von damals lässt sich ernsthaft mit der heutigen Situation in der EU vergleichen, weder die gesellschaftliche noch die wirtschaftliche oder politische Struktur, auch nicht der historische oder globale Kontext. Und doch gibt es Parallelen zur ersten Hälfte des 20. Jahrhunderts: eine rasante technologische Beschleunigung – was heute Internet und Roboter sind, waren damals Telegraphenmast und Flugzeug – und eine wachsende Zahl von Modernisierungsverlierern – damals die Masse der Landarbeiter und von der Industrie verdrängten Handwerker, heute die unqualifizierten und prekären Arbeitnehmer. Und nicht zuletzt eine »Krise der Männlichkeit«: Was damals die erste Demontage des Patriarchats durch das Frauenwahlrecht war, ist heute die Forderung nach 40 Prozent Frauen in den Vorständen. »Männlich« ist nach »Bildung« der zweitwichtigste Faktor bei rechtspopulistischen Voten. In seinem Buch *Männerphantasien* beschrieb Klaus Theweleit schon in den siebziger Jahren anschaulich, dass Nationalismus, Militarismus und Faschismus nicht zuletzt eine Reaktion auf die erste Frauenbewegung waren. Auch heute geht es, vor allem bei jungen Männern, wieder um Sicherheit und nationalen Rückzug, gepaart mit dem Wunsch nach starker Führung. In Europa inklusive Deutschland steigt einigen Studien zufolge die Zahl derer, die die Demokratie nicht mehr für die beste Staatsform halten. Wenn Zukunft ist, was ein wachsender Teil der Jugend will, dann ist es nicht gut um die Demokratie in Europa bestellt.

Im Außenverhältnis sieht es nicht besser aus: Das Wort Krieg ist wieder salonfähig geworden und hat Einzug in offizielle Reden gehalten. »It seems as if the world is preparing for war«, konnte man kürzlich Michail Gorbatschow im *Times Magazine* lesen, und Europa macht mit. Die Wehretats werden rasant aufgestockt, mit Postern und Werbebriefen sucht man wieder Rekruten. Immer deutlicher dringt ins öffentliche Bewusstsein, dass die längste europäische Friedensphase zu Lasten Dritter ging. Die Ursprünge der heutigen Krisen liegen in der Kolonialzeit und in postkolonialen europäischen oder westlichen Interventionen. Europa erreichen heute die Langzeitfolgen einer gescheiterten Modernisierung vor allem der arabischen Welt, deren Ursachen in das 19. und 20. Jahrhundert zurückreichen. Je nach Zählung gab es während der letzten sechzig Jahre bis zu 286 Kriege und Konflikte in anderen Regionen der Welt. Die EU, die sich gerne als Friedensmacht versteht und einer wertegebundenen Außenpolitik verpflichtet fühlt, hat von der Agrarpolitik bis hin zur Handels- oder Ressourcenpolitik in anderen Teilen der Erde Unfrieden gesät, nicht zuletzt im Nahen Osten, der dabei ist, unter europäischer Mitverantwortung zu explodieren. Das rächt sich heute. Was dort als *democracy promotion* vor gut fünfzehn Jahren unter amerikanischer Führung begann, hat keine Demokratien geschaffen, aber das Potential, unsere eigenen zu versenken. Das Resultat sind Flüchtlingskrise und Terror, die heute die europäischen Nationen spalten und Wasser auf die Mühlen der Rechtspopulisten gießen. Neben religiösem Wahn ist Terror auch eine Antwort auf die strukturelle Gewalt des Westens.

Der Blick auf die Fluchtursachen wird immer wichtiger. Doch bar jeder Selbstkritik werden angesichts von Terror, Migration und Flüchtlingen Sicherheit und Abschottung zum einzigen Reflex in der EU – angelegt als Diskurs zur Verteidigung europäischer Werte. Indes werden keine Werte verteidigt, sondern Sicherheit und Geld. Durch ihre derzeitige Sicherheitsobsession verrät die EU jenes kulturelle Erbe, das zu verteidigen sie vorgibt. Frontex ist kein Wert, sondern ein Mittel zur Abschottung.

Die doppelte Matrix des europäischen Bürgerkriegs

»Anstatt innereuropäische Harmonie und globalen Frieden zu befördern, sieht es eher so aus, als ob der Schritt zur Europäischen Währungsunion und die ihm folgende politische Integration zu verschärften Konflikten innerhalb Europas und zwischen Europa und den USA führten.« Martin Feldstein

Während Krieg zwischen europäischen Nationen unmöglich geworden ist, kündigt sich ein Bürgerkrieg an. Die Eurokrise hat die europäischen Nationalstaaten gegeneinander aufgewiegelt und ganze Gesellschaften durch massive soziale Verwerfungen unter politischen Stress gesetzt, denn noch immer ist nicht geklärt, wer für diese Krise bezahlt. Die Eurokrise hat Linksradikalismus wie Rechtspopulismus befördert und die klassischen Parteiensysteme in vielen Staaten Europas gesprengt. Die sich überlappenden Euro- und Flüchtlingskrisen bilden die doppelte Matrix des latenten europäischen Bürgerkriegs.

Mit Blick auf die Eurokrise möchte man an den US-amerikanischen Ökonomen Martin Feldstein erinnern, der bereits 1998 in einem Aufsatz formuliert hat, dass der Euro Europa in

Konflikte führen würde – lange bevor deutsche Ökonomen ihn zum Spaltpilz Europas erklärten. Der Euro als »verwaiste Währung« ist bestenfalls in behelfsmäßige politische Strukturen eingebettet. So konnte er zum Opfer einer Bankenkrise werden, die nie einer politischen Lösung (Bankenunion mit Haftungsgemeinschaft) zugeführt wurde und deren über Jahre hinweg angeschwollene Eiterblase kurz vor dem Platzen steht. Ob der Euro dies übersteht, ist zum derzeitigen Zeitpunkt, in dem das Euro-System auf den nächsten Showdown mit Griechenland zusteuert und italienische, deutsche und französische Banken mehr oder weniger akut kriseln, nicht vorhersehbar.

Das liegt nicht am Euro an sich, auch nicht daran, dass er die europäischen Staaten zu einer laxen Fiskalpolitik verführt hätte; im Gegenteil haben die meisten Krisenländer ihre Haushaltsdefizite seit Euroeinführung deutlich reduziert. Erst die Verstaatlichung der privaten Schulden durch die Bankenrettung hat die öffentliche Verschuldung in neue Rekordhöhen getrieben. Eine originäre Regulierungskrise mutierte also zur Währungskrise, weil der politische Überbau fehlte. Über die institutionellen Defizite wurden lediglich Mario Draghis berühmte Worte »We will do whatever it takes« als Heftpflaster geklebt. Eine seriöse Regulierung des Bankensektors sowie eine Haftungsgemeinschaft, die einen Staatsbankrott ausschließt, stehen bis heute aus. Aus guten Gründen schließt die deutsche Finanzverfassung die Pleite von Berlin oder dem Saarland aus, während Europa die Pleite von Griechenland, Italien, Spanien oder Irland hinnimmt. Ohne gemeinsame Fiskalpolitik fehlen dem Euro aber dauerhaft die notwendigen Stabilitätsbedingungen. Der fehlende politische Überbau ist der Kern der sozialen Krise *in* den europäischen Staaten einerseits und der Konflikte *zwischen* vermeintlichen Gewinnern und Verlierern der Eurokrise andererseits.

Der Spruch von Angela Merkel »Scheitert der Euro, scheitert Europa« gehört darum umgedreht: »Bleibt der Euro, wie er ist, scheitert die europäische Demokratie.« Genau das erleben wir jetzt. Eine alternativlos gesetzte Sparpolitik und ein rigides EU-System haben das Vertrauen in die europäische Politik zersetzt (47 Prozent haben kein Vertrauen mehr in die EU) und die Erosion der nationalen Demokratien befördert. Es sind die tiefen Zerwürfnisse über die Sparpolitik und das Tauziehen zwischen Geber- und Nehmerländern, die im Süden Europas inklusive Frankreich die Linke unter der Kuratel der Sparpolitik gespalten und im Norden den Rechtspopulismus haben gedeihen lassen.

Historikern wird es vorbehalten bleiben, 2011/12 als die Jahre zu bezeichnen, in denen die Weichen für das heutige Geschehen gestellt wurden. Was uns jetzt bevorsteht, hätte damals noch abgewendet werden können, wenn, wie beabsichtigt, der *vicious circle* zwischen Staats- und Bankschulden beendet worden wäre durch eine Haftungsunion oder wenigstens konsequente Schritte in diese Richtung: der Schwur aufs gemeinsame Geld als Wegbereiter der Einigung Europas! Da die Eurokrise als Verteilungskrise nicht politisch gelöst werden konnte, blieb nur der Rückfall in Nationalismus und Chauvinismus, beides Brutstätten des heutigen Populismus. Am Ende der Bankenkrise stand kein *united we stand*, sondern ein »Jeder gegen jeden«, vor allem aber Deutschland gegen die meisten anderen.

Der europäische Bürgerkrieg entzündet sich also letztlich an der Frage, wer für die Krise verantwortlich ist und wer für sie bezahlt. Anders formuliert: Die Eurokrise ist der – bisher unblutige – europäische Bürgerkrieg, in dem die europäischen Staaten inklusive anderer Akteure – Finanzmärkte, Exportindustrie, Troika – mittels struktureller Macht gegeneinander kämpfen und sich vor allem juristische Gefechte – OMT,

Target-Salden, Klagen in Karlsruhe – liefern. Von diesem Bürgerkrieg hat Deutschland bisher nicht viel mitbekommen, die anderen Staaten umso mehr. Der Rechtspopulismus als politische und soziale Krisenfolge holt diesen Bürgerkrieg jetzt aus seiner Latenz und macht ihn unübersehbar.

Vergessen ist, dass der Aufstieg der FIDES-Partei damit begann, dass Ungarn wegen der Bankenkrise 2008 keine Perspektive erhielt, in den Euro zu kommen, und die Mittelschicht, die sich auf dieses Versprechen hin Reihenhäuschen mit Euro-Krediten gekauft hatte, diese in Forint abbezahlen musste. Polen wollte dem Euro 2011 beitreten, was ebenfalls wegen der Bankenkrise nicht geklappt hat, und fühlt sich seitdem von der EU politisch wie emotional abgehängt. Marine Le Pen hat seit 2012 – dem Höhepunkt der von der EU verordneten Sparpolitik – rund 15 Prozent dazugewonnen. Allein 2012/13 fielen in Frankreich mehr als eine halbe Million Industriearbeitsplätze der Sparpolitik und der deutschen »Lohnzurückhaltung« – vulgo: Lohndumping – zum Opfer, die auch von offizieller Seite, z. B. vom IWF, kritisiert wurden und die Ungleichgewichte in der Eurozone verschärft haben. Das politische System hat das nicht überlebt: Die klassischen Parteien in Frankreich – PS und Les Républicains – sind seither steter Erosion bis hin zur Auflösung ausgesetzt.

Als dann ab 2012 die Flüchtlingskrise Europa erreichte, war es von der Banken- und Eurokrise schon erschöpft, die Fronten waren verhärtet, das Volk schon gegen die Eliten aufgestellt, die Euro-Staaten untereinander ebenso uneins wie ihre Gesellschaften gespalten. Osteuropa hatte es aufgegeben, je richtig zu Europa zu gehören, und über das Verhältnis zu Russland war die EU zudem zerstritten. Hatte die Eurokrise den Keil zwischen Nord und Süd getrieben, so spaltete die Flüchtlingskrise Europa in Ost und West. EU 28 und Eurozone zerfielen in zwei Teile. Angesichts einer schon weitgehend handlungsunfähigen EU konnte die Flüchtlingskrise zum zweiten Katalysator für den europäischen Bürgerkrieg werden. Zur ökonomischen Frontstellung gesellte sich die ideologische: völkischer Nationalismus versus kosmopolitisches, tolerantes Europa. Der Kontinent zerfiel erst sozial, dann ideologisch: Zum »Euro-Bürgerkrieg« gesellte sich der »identitäre Bürgerkrieg«. In ihm geht es um Flüchtlinge, aber auch um Gender, um Abtreibung oder Homosexualität, sprich um alles, was die offenen Gesellschaften in den letzten Jahrzehnten hervorgebracht haben. Der Verlust der ökonomischen Souveränität sucht sich Ersatz in der vermeintlich homogenvölkischen, »kulturellen Identität« des Nationalstaats.

Die doppelte Matrix des europäischen Bürgerkriegs spaltet die Nationen. Das klassische politische Rechts-links-Schema wird abgelöst durch die Anhänger einer Öffnungsagenda und die Adepten einer Abschottung Europas. Dieser Riss verläuft quer zu Nationen, Alters- und Einkommensgruppen: Es gibt überall in Europa den prekarisierten, aber kosmopolitischen Globalisierungsverlierer und den chauvinistischen Globalisierungsgewinner, den national wie den europäisch gesinnten Jugendlichen, den weltoffenen wie den identitären Arbeiter. Geld entscheidet nicht über nationale Gesinnung!

Dahinter verbirgt sich, dass Wirtschaftsliberalismus und Kulturliberalismus über Kreuz stehen. Marktliberale der Mittel- und Oberschicht wollen offene Grenzen für Wirtschaft und Güter, nicht aber unbedingt für Menschen (oder nur, um Löhne zu drücken), während ein Teil der progressiven Mittelschicht sich kosmopolitisch gibt, aber Güter- und Finanzmärkte stärker regulieren will, und viele traditionelle Arbeiter sowohl wirtschaftlich als auch kulturell für Abschottung sind. Das Brexit-Votum, besonders hoch in klassischen Labour-Hochburgen, war die Rache der Arbeiter in den verödeten Industrieregionen Nordenglands für ihren sozialen wie kulturellen »Verrat« durch nationale Eliten inklusive der eigenen Partei. Ganz ähnlich die französischen Arbeiter, die von den Kommunisten oder Sozialisten zum Front National gewandert sind. Die Überkreuzung der Liberalismen aber bereitet den Nährboden für Nationalismus, da das identitäre Begehren der vernachlässigten unteren Schichten von einer national und marktliberal gesinnten Oberschicht bzw. politischen Elite instrumentalisiert werden kann. Nicht umsonst verfechten AfD, Trump, Le Pen, Wilders oder die polnische PiS ein auf den ersten Blick »sozial durchwirktes«, aber teilweise marktliberales Programm, das ihren oft sozial schwachen Wählern im Kern schadet, in seiner Wirkung aber auf das identitäre Schutzbedürfnis abstellt. Das sozial betrogene Volk wird damit zum willfährigen Gehilfen nationaler Ambitionen von Teilen der politischen Klasse, und deswegen ist der Populismus derzeit so gefährlich. Insofern hat die Flüchtlingskrise den europäischen Bürgerkrieg noch diffuser gemacht. Hatte das Missmanagement der Eurokrise zunächst aus nationalen Trennlinien soziale gemacht – der deutsche Niedriglöhner hat ebenso gelitten wie der griechische Hafenarbeiter –, so hat die Flüchtlingskrise den sozialen Riss der europäischen Gesellschaften gleichsam wieder national übertüncht, weil sich jeweils Teile nationaler Eliten in der Ablehnung der Flüchtlinge zu den Modernisierungsverlierern gesellten, die eh schon Hass auf die EU hatten.

Für die AfD ist die Überkreuzung der beiden Liberalismen – Wirtschaftsliberalismus ja, Werteliberalismus nein – geradezu symptomatisch. Denn ihr eigentlicher Steigbügelhalter war ein Teil des deutschen Bürgertums. Der Bodensatz von verschrobenen Neonazis und geprellten Globalisierungsverlierern im Osten hätte eine Parteigründung alleine nie geschafft. Erst als 2011/12, auf dem Höhepunkt der Eurokrise, distinguierte Professoren, der Ex-Chef eines Wirtschaftsverbands und ein ehemaliger FAZ-Redakteur den Preis für einen gemeinsamen Markt und eine gemeinsame Währung in Form einer *europäischen* Demokratie inklusive Fiskal- und Sozialunion nicht zahlen wollten, erblickte die AfD das Licht der Welt – als Ausgeburt desjenigen Teils der FDP, der die parteiinterne Urabstimmung gegen die Eurorettungspolitik der eigenen Regierung verloren hatte. Dass sie im Zuge der Flüchtlingskrise dann von völkisch-identitären Kräften gekapert werden konnte, war im Grunde abzusehen und bildet die doppelte Matrix des europäischen Bürgerkriegs exakt ab. Wie auch anderswo wurde in Deutschland die *causa europaea* und damit die deutsche Staatsräson also nicht vom Volk, sondern zuerst von den Eliten verraten, das nationale Aufbegehren »unten« von der Politik aber gern zum Vorwand genommen, derzeit nicht »mehr Europa« machen zu können. Nationalismus und Rechtspopulismus werden so geradezu gezüchtet, anstatt bekämpft. Eine europäische Lösung wird gar nicht erst gesucht, schon gar keine demokratische und soziale.

Die Ursprünge des europäischen Populismus

»Ich beginne zu glauben, dass die Linke recht hat.«
                                                            Frank Schirrmacher

»S'il n'y a plus la nation, qui va s'occuper des pauvres?«, schmetterte Marine Le Pen ihren Anhängern im Wahlkampf entgegen. Die Frage ist berechtigt. Wo sich die EU nie angeschickt hat, sozial zu werden, ist die Nation das letzte Refugium für sozialen Schutz. Eine Sozial- und Fiskalunion ist nur noch ein kühner Traum, nicht einmal mehr politisches Ziel der EU. Wer traut sich heute, von europäischer Arbeitslosenversicherung zu sprechen, wo wieder mehr denn je bei Sozialleistun-

gen nach Nationalität unterschieden wird? Wo die EU außer einem müden »Weiter so« nichts liefern kann, haben die Rechtspopulisten leichtes Spiel: Sie wachsen umgekehrt proportional zum europäischen Versagen, aus *einer* Währung *eine* Demokratie zu machen. Wo es noch kein politisches Substitut in Europa gibt, bleibt die Nation unverzichtbar. Vielleicht ist das ja gewollt – obgleich immer alle nach Europa rufen.

Der latente europäische Bürgerkrieg und die Spaltung Europas durch den Rechtspopulismus sind die Antwort auf den »real existierenden Liberalismus« europäischer Prägung, der durch den Euro als »verwaiste Währung«, als Währung ohne Demokratie, potenziert wurde. Wer diesen Bürgerkrieg beenden will, muss zurück an seine Ursprünge, die fehlende Fiskal- und Sozialunion. Eine alternativlos gesetzte Euro-*Governance* und ihre systemischen Mängel im Kontext von rasanter Globalisierung und technologisch-industrieller Revolution haben die alten Industriegesellschaften und ihre institutionellen Vertreter zerbröselt und vor allem die strukturschwachen ländlichen Regionen abgehängt, ohne dass irgendein Bemühen der EU-Institutionen erkennbar wäre, dem entgegenzusteuern.

Durch die verhängnisvolle Verkettung von Banken- und Flüchtlingskrise konnte der Rechtspopulismus die politischen Systeme in Westeuropa befallen wie Mehltau. Jetzt greift Panik um sich, und von allen Seiten schallt es, die liberale Demokratie müsse verteidigt werden. Doch für die EU muss gelten: Die Liebe zum Eigenen fängt mit Selbstkritik an. Mit Fingerzeigen auf den Rechtspopulismus ist es nicht getan. Entweder schafft Europa einen *New Deal* – oder Marine le Pen behält recht. Das Tauziehen zwischen Rechtspopulismus und liberaler Demokratie ist im nationalen Kontext für Letztere nicht zu gewinnen, wenn sie sich nicht reformiert und europäisiert, um den Verwerfungen der Bankenkrise auf europäischer Ebene Herr zu werden.

Denn der Rechtspopulismus ist nicht vom Himmel gefallen, er ist eine Reaktion auf die Perversionseffekte des Neoliberalismus, die in der Bankenkrise ihren vorläufigen Höhepunkt gefunden haben. Eine politische Steuerungselite hat ihre asymmetrische Machtposition bei der Gesetzgebung in allen sozialen und Verteilungsfragen stets zu ihren Gunsten genutzt, von der Rente über Steuern bis hin zu Bildungszugängen. Für die unteren zwei Fünftel gab es nur Verachtung oder bestenfalls Ignoranz. Verbrämt mit Begriffen wie Individualität, Fortschritt, Freiheit oder Selbstverwirklichung (als Chiffren für Konsum, Spaß oder Hedonismus), hat sich der Neoliberalismus als gesellschaftliches Betriebssystem der Moderne und Postmoderne in den europäischen Gesellschaften etwa die Position geschaffen, die Microsoft bei den Computerprogrammen hat – und lässt jedem anderen Denken keinen Raum. Die Tatsache, dass wir jede gesellschaftliche Utopie verloren haben, ja nicht einmal mehr fähig sind, politisch und wirtschaftspolitisch in Alternativen zu denken, wird in der politischen Theorie seit Jahren breit diskutiert. Doch wo die Linke ihren Phantomschmerz über das verlorene revolutionäre Subjekt beklagt, wo die liberale Mitte keine Wärme, Identität und Orientierung, keine Gemeinschaft und keinen Anstand mehr zu offerieren hat, da haben die Nationalisten und Rechtspopulisten Heilung zu bieten, keine reale zwar, aber wenigstens in Form von Nostalgie und einer nationalen Fahne, in die sich das verlorene Subjekt warm einwickeln kann als Ersatz für verpasste Lebenschancen.

Wir verlieren die liberale Demokratie also nicht wegen der Rechtspopulisten, sondern weil sie ihre Versprechungen nicht gehalten hat. Der europäische Ungeist ist die Reaktion auf den Verfall des europäischen Geistes, der aus dem Erbe der Französischen Revolution – *Liberté, Egalité, Fraternité* – die Gleichheit verraten hat. Über kaum etwas wird derzeit in politikwissenschaftlichen Zeitschriften so viel geschrieben wie über das asymmetrisch gewordene Begriffspaar Gleichheit/Freiheit, dem das eine Bein, die Gleichheit, abhandengekommen ist, weswegen der europäische Geist buchstäblich hinkt. Rousseau feiert neben Marx ein ungeahntes *revival,* immer verbunden mit einem radikaldemokratischen Reflex, basisdemokratisch und anti-institutionell.

Gleichheit und Gemeinwohl wurden durch einen zur Ideologie verkommenen Neoliberalismus, der längst nicht mehr liberal, sondern geradezu sozialdarwinistisch ausgrenzend ist, systematisch verraten. Als i-Tüpfelchen auf die strukturelle Ausgrenzung der unteren Schichten kam die Vergewaltigung des Gemeinwohls durch die Sozialisierung von Bankschulden, bei der das sonst von Adepten liberaler Politik so hochgehaltene Haftungsprinzip zu Lasten der Allgemeinheit durchbrochen wurde. Dass die Verursacher der Bankenkrise nicht nur nicht zur Rechenschaft gezogen, sondern nicht einmal öffentlich verurteilt wurden, kam einer Generalabsolution gleich. Über die Verhöhnung der sozial Schwachen wurde hinweggeschwiegen. Dem Offenbarungseid der Banken folgte ein munteres »Weiter so« – der Versuch, geschehenes Unrecht ungeschehen zu machen. Der Populismus ist die Rache bestimmter Milieus an diesem Verrat, den die politische Klasse zuzugeben nicht bereit ist und nicht einmal erkennt. Über das Ressentiment, das den Eliten heute entgegenschlägt, braucht man sich nicht zu wundern. Es ist mehr als gerechtfertigt.

Die überfällige Revolution der europäischen Bürger gegen diese Missstände ist nur an den Bühnen und in Ausstellungen zu besichtigen, die sich als feines Stimmungsbarometer derzeit überbieten – von der Royal Academy (*»Revolution is coming«*) bis zur Berlin-Brandenburgischen Akademie (*»Die Kunst der Rebellion«*) wird die vorrevolutionäre Stimmung, die allenthalben in der Luft liegt, buchstäblich inszeniert. Da, wo die linke

Revolution nicht greifbar ist, feiert der Rechtspopulismus fröhliche Urständ. Und in ihm schwelt der Bürgerkrieg.

Der aufkeimende Aufruhr gegen Europa wurde wiederum geschickt genutzt. Das wirtschaftliche und politische Versagen der Eliten in der Bankenkrise wurde umgedeutet in Sparzwänge oder umgeleitet in Chauvinismus: Es sollen eben die Griechen gewesen sein – eine Erzählung, von der sich die geprellten Massen leider leicht einfangen ließen. Um den eigenen Kopf zu retten, warf man lieber Europa dem Volk zum Fraß vor – nur um dann über den Verlust Europas und die Bedrohung der liberalen Demokratie zu lamentieren und die Rechtspopulisten zu verteufeln. Schon Carl Schmitt hat in *Der Begriff des Politischen* darauf hingewiesen, dass der Liberalismus die Tendenz hat, den Gegner der Dummheit zu bezichtigen. Dass die Eliten das Volk an der Nase herumführen und dieses die aufgetischten Geschichten zum eigenen Nachteil glaubt, ist seit der griechischen Polis ein Grundübel der Demokratie.

Karl Polanyi beschreibt in *The Great Transformation*, dass exzessiver Liberalismus die Gesellschaften spaltet. Wenn Boden, Menschen und Währung (Finanzmärkte) kommodifiziert, also zu Waren gemacht werden, wehrt sich die Gesellschaft. In dieser Lesart stellt protofaschistisches Verhalten den Versuch dar, sich durch Menge und Gemeinschaft zu schützen, wo sich der Einzelne nicht mehr wehren kann. »Nichts fürchtet der Mensch mehr als die Berührung durch Unbekanntes. ... Es ist die Masse allein, in der der Mensch von seiner Berührungsfurcht erlöst werden kann«, schrieb Elias Canetti in *Die Fackel im Ohr*. Dahinter verbirgt sich das Gefühl, dass es auf einen nicht ankommt, dass das eigene Selbst jederzeit und überall durch ein anderes ersetzt werden kann. Diesen Selbstverlust bezeichnet Hannah Arendt in ihrer Analyse der Zwischenkriegszeit des letzten Jahrhunderts als Nährboden für protofaschistisches Verhalten und schließlich totalitäre Herrschaft. Die Hierarchielosigkeit und Atomisierung der Gesellschaft seien dabei ein wesentliches Element für die Herausbildung von Faschismus. Der Selbstverlust gehe einher mit einem radikalen Schwund des gesunden Menschenverstands und der Urteilsfähigkeit. Die Aktualität ihrer Analyse liegt auf der Hand.

Die Verteidigung der liberalen Demokratie scheitert nicht ursächlich daran, dass die Rechtspopulisten sie abschaffen wollen – sie wollen ja formal sogar »mehr Demokratie«, z. B. Plebiszite –, sondern dass die liberale Demokratie an einen Neoliberalismus gekoppelt ist, der mit Herz und Verstand nicht mehr zu verteidigen ist, den in die Schranken zu weisen es aber keine ersichtlichen Ambitionen gibt. Dass Märkte immer rational agieren, dürfte spätestens seit der Bankenkrise ins Reich der Ammenmärchen gehören. Der Rechtspopulismus führt reflexartig zu einer Stärkung des Neoliberalismus unter dem Deckmantel der liberalen Demokratie, die es zu verteidigen gilt – während Donald Trump, eine vom Brexit getriebene Theresa May oder die polnische PiS eine antiliberale Wirtschaftspolitik mit sozialem Antlitz machen, von der die europäische Linke nur träumen kann. Mit der Verteidigung der liberalen Demokratie allein ist indes aus dieser Frontstellung nicht mehr herauszukommen. Europa oder nationale Barbarei, möchte man in Abwandlung von Rosa Luxemburg sagen.

Den Begriff der »illiberalen Demokratie«, den Viktor Orbán und seinesgleichen im Munde führen, kann man darum fast wörtlich nehmen: Demokratie ja, (Neo-)Liberalismus nein. Hätte man dem Ruf nach mehr sozialer Gerechtigkeit in Europa eher nachgegeben und wäre die EU hier handlungsfähig und -willig gewesen, dann wäre man politisch »billiger« davongekommen, soll heißen: ohne Nationalismus und ohne Gefährdung der Demokratie. Denn abzüglich Rassismus und

Sexismus hat die europäische Linke seit Jahren im Kern das Gleiche gefordert wie heute die Rechtspopulisten.

Gegen die vermeintliche Alternativlosigkeit der EU-Politik wurde von links frühzeitig opponiert: Die europäische Jugend ging gegen die Bankenkrise und ihre Folgen auf die Straße, Stéphane Hessel schrieb *Empört euch!*, vor dem neuen Gebäude der EZB in Frankfurt brannten EU-Fahnen und kampierte Attac. Aber wen interessieren schon ein paar aufgebrachte Jugendliche, die ohnehin aufgrund der Demographie strukturell entmachtet sind? Und die Globalisierungsverlierer, die sich jeder politischen Teilhabe entziehen, weil sie zu Recht glauben, dass ihre Stimme nicht zählt (78 Prozent der Hartz-IV-Empfänger gehen nicht wählen), haben im Wahlkampf noch nie wirklich interessiert. »Ich beginne zu glauben, dass die Linke recht hat«, war 2011 ein Artikel des verstorbenen FAZ-Herausgebers Frank Schirrmacher überschrieben, sicher kein Linker. Seine Verteidigung des linken Aufbegehrens für mehr soziale Gerechtigkeit und Gleichheit verhallte lange Jahre ungehört und findet erst heute Widerhall. Vielleicht zu spät versucht ein Martin Schulz nun, den Kampf ums betrogene Volk von links zu gewinnen. In der Tat zeichnet sich damit in Deutschland ein Richtungswahlkampf um Europa ab.

Nationale Verführung: deutsche Frage *reloaded*

»Die Ereignisse von 1933 bis 1945 hätten spätestens 1928 bekämpft werden müssen. Später war es zu spät. Man darf nicht warten, bis der Freiheitskampf Landesverrat genannt wird.«
Erich Kästner

»Jemand, der auch in Europa nicht zuerst die Interessen Deutschlands vertritt, kann nicht deutscher Bundeskanzler werden«, so Volker Kauder jüngst im *Focus*, und er meinte Martin Schulz, weil der sich 2012 für Eurobonds ausgesprochen hatte. Was ist also deutsches und was ist europäisches Interesse – und wo stehen sie gegeneinander? Noch 1994 stand im sogenannten Schäuble-Lamers-Papier zu lesen, dass es kein deutsches Interesse gibt, das nicht zugleich auch ein europäisches wäre. Was hat sich seitdem ereignet, dass deutsche und europäische Interessen wieder als Gegensatzpaar gehandelt werden? Tatsächlich ist der deutsche Blick auf die Eurokrise nicht nur asymmetrisch zum Rest Europas; er ist auch des Pudels Kern des europäischen Bürgerkriegs. Zweifellos hat die deutsche Hegemonie der letzten Jahre Europa zerrüttet, und Deutschland war, bevor es sich als Stabilitätsanker und Paulus der Flüchtlingskrise feiern ließ, der europäische Saulus. Wo das europäische Deutschland im Thomas Mann'schen Sinne nicht im Angebot war, antworteten die anderen Staaten – je auf unterschiedliche Weise – mit einem »Nein« zum deutschen Europa. Seit Jahren ist die deutsche Frage in Europa *reloaded*, aber Deutschland verwechselt wohlwollende Hegemonie mit nationaler Macht und hat noch immer nicht verstanden, dass Hegemonie stets mit einer *idée civilisatrice* ausgestattet sein muss, um akzeptiert zu werden.

Der größte Knackpunkt in diesem europäischen Bürgerkrieg ist die deutsche Ideologie der Nicht-Monetarisierung von Staatsschulden, der Geldwertstabilität und der Exportüberschüsse. Hier sind Täter- und Opferrolle vertauscht, beide Seiten stehen einander diametral gegenüber, eine Lösung ist nicht in Sicht. Deutsche Selbst- und Fremdwahrnehmung klaffen weit auseinander, was einem Großteil der deutschen Öffentlichkeit nicht einmal bewusst ist. Deutsche und europäische Interessen können erst dann wieder kongruent werden, wenn deutsche Selbst- und Fremdwahrnehmung wieder übereinstimmen. Deutschland muss seine *Animal-Farm-*

Allüre ablegen, dass einige gleicher sind als die anderen und mit Blick auf die Eurokrise alles letztlich in Deutschland entschieden wird. Nur darin liegt die Chance der Überwindung des europäischen Bürgerkriegs. Dazu müsste mit drei Märchen aufgeräumt werden, die sich in der deutschen Europadiskussion zu diskursivem Kruppstahl verfestigt haben: Weder mussten die Deutschen die D-Mark für die Wiedervereinigung hergeben; noch haben sie für alle bezahlt; noch sind sie die Besten. Nur wenn wir uns von diesen drei Märchen verabschieden, können deutsche und europäische Interessen wieder deckungsgleich werden.

Es war Hans-Dietrich Genscher, der die Währungsunion 1988 (!) auf dem EU-Gipfel in Hannover auf den Weg gebracht hat, u. a., weil die D-Mark als Ankerwährung im europäischen Währungssystem überfordert und ständig von Aufwertung bedroht war. Die Partnerländer über eine gemeinsame Währung ins Boot zu holen war *deutsches* Interesse, gerade damit die anderen nicht mehr abwerten konnten. Jetzt wie z. B. die FDP im Februar 2017 für den Grexit zu plädieren, damit die Griechen – und demnächst vielleicht die Italiener oder Portugiesen – wieder abwerten können, ist darum nicht nur heuchlerisch. Es gleicht dem Wegwerfen einer ausgepressten Zitrone, nachdem der europäische Binnenmarkt ausgeschöpft ist und sich das deutsche Exportinteresse anderen Regionen zuwendet. Zweitens hat Deutschland während der Eurokrise nicht ständig für die anderen bezahlt. Gerettet wurden ohnehin nur die Banken und nicht die Bürger, und in Relation zur Wirtschaftsleistung lag der deutsche Kreditanteil an den diversen Rettungsschirmen im Mittelfeld der europäischen Beiträge. Malta, Estland und selbst das krisengeplagte Spanien haben relativ gesehen mehr für die Rettung Griechenlands aufgebracht. Man kann es drehen und wenden, wie man will: Deutschland zählt nicht zu den Verlierern der Eurokrise, sondern hat von den Leiden des restlichen Europas profitiert. Die Tatsache, dass weite Teile der deutschen Öffentlichkeit das ganz anders sehen, ist das eigentliche Problem. Nur deshalb können im Wahlkampf 2017 wieder deutsche gegen europäische Interessen ausgespielt werden, kann an die vermeintliche Überdehnung deutscher Solidarität appelliert werden. Als Folge könnte Griechenland diesmal tatsächlich geopfert werden, weil ein Teil des deutschen politischen und wirtschaftlichen Establishments das so will und nicht versteht, dass die Aufgabe eines Hegemons nicht »Realpolitik« im eigenen Interesse ist, sondern die Stabilisierung des hegemonialen Systems und die Pazifizierung der Gegensätze.

Schließlich gehört die Behauptung zurückgewiesen, dass die Deutschen die Besten sind. Dass die deutschen Exportüberschüsse durch »Lohnzurückhaltung« erzielt wurden, ist eine der Ursachen der europäischen Krise. Für die Partnerländer in der Eurozone hatte die aggressive Exportstrategie Deutschlands gravierende Folgen: Ganze Industriezweige wurden verdrängt, ganze Regionen sind vom Absterben bedroht. Nordwestfrankreich oder Nordengland sind Beispiele – genau da grassiert heute der Rechtspopulismus. Von den deutschen Kapitalexporten profitierten dagegen der Finanzsektor und die Dienstleistungen in den Zentren – die Schere zwischen den Reichen in Paris und London und den Armen in den niedergehenden Industrieregionen öffnete sich immer weiter. Viel vernünftiger wäre es gewesen, wie es IWF und Europäische Kommission immer wieder anmahnten, durch höhere Löhne und Investitionen in Deutschland die Leistungs- und Kapitalbilanz ins Gleichgewicht zu bringen. Das hätte nicht nur zu mehr Wachstum geführt, es hätte auch der zunehmenden Ungleichverteilung der Einkommen in der Eurozone und damit dem Populismus den Boden entzogen.

In Deutschland wurde dies hingegen als »Erfolg der Arbeitsmarktpolitik« im Zuge der Agenda 2010 verbucht. Nichts macht augenscheinlicher, dass nationale Wirtschaftspolitik innerhalb eines gemeinsamen Währungsraums zu kurz springt, wenn daraus eine europäische *lose*-Situation wird, die sich zur politischen Bedrohung auswächst, zumal die Wohlstands- und Wachstumswirkungen trotz hoher Exportüberschüsse in Deutschland überschaubar sind. Europa mitdenken heißt die Lösung!

Das Mittel der Abwertung, das die deutsche Konkurrenz hätte erträglich machen können, war den Euro-Partnern zuvor aus der Hand geschlagen worden. Haben die Deutschen wirklich geglaubt, sie bekämen den Euro umsonst? Sie könnten den Partnern die Abwertung verweigern und kompensationslos den Exportüberschuss einstreichen? Von »Transferunion« zu sprechen, aber nicht einzurechnen, dass der deutsche Exportgewinn ohne den Euro in dieser Form gar nicht zustande gekommen wäre, ist der Gipfel der Scheinheiligkeit. Der Euro wurde eingeführt, weil die deutschen Konzerne den Preis der Währungsschwankungen, die sich in Deutschland immer in Aufwertungen abgebildet hatten, nicht mehr bezahlen wollten. Doch jedes System hat seinen Preis, und den Preis für den Euro – eine Fiskalunion – wollte Deutschland bisher nicht bezahlen. Aber das deutsche Credo »Wer nicht reformiert, den bestraft das Leben« reicht einfach nicht aus. Nicht jedes ökonomische Problem ist ein Topf, auf den der Deckel »Strukturreform« passt. Wo weder Monetarisierung von Schulden noch Abwertung möglich waren und die EZB mit einer *one-size-fits-all*-Politik der unterschiedlichen Problemlage in den einzelnen Ländern nicht gerecht wurde, blieb nur die soziale Krise. Die Jugendarbeitslosigkeit betrug z. B. in Spanien im November 2016 46,1 Prozent. Eine ganze Generation wurde gnadenlos geopfert – und nicht nur dort. Und jetzt, wo man den Preis der Fiskalunion nicht zu zahlen bereit ist, wollen mächtige

Teile der politischen und unternehmerischen Eliten in Deutschland den Euro rückabwickeln? Es wäre ein perfides Spiel mit der europäischen Geschichte! Den europäischen Bürgerkrieg übersteht Deutschland nicht als Insel der Seligen.

Mit Blick auf die Exportüberschüsse dreht sich das Blatt womöglich, seitdem auch unter Experten durchsickert, dass sich Deutschland möglicherweise selbst schadet, weil der Handelsbilanzüberschuss von einem drastischen Kapitalexport begleitet wird: Seit Ende 1999 beläuft sich die Summe der aufgelaufenen jährlichen Leistungsbilanzsalden auf 669,3 Milliarden Euro, rund das Doppelte des Bundeshaushalts. Könnte man damit nicht ein soziales Europa gestalten? Aktuellen Berechnungen zufolge beliefen sich z. B. die Kosten für eine europäische Arbeitslosenversicherung – die Deutschland nicht allein zu tragen hätte – auf rund 1 Prozent des BIP der Eurozone, eine überschaubare Größe. Es wäre also machbar, wenn die soziale Demokratie in Europa gewollt wäre!

Wäre es nicht sinnvoll, die exportierten Milliarden in Europa zu lassen und für Europa zu nutzen? Hätte die deutsche Regierung 2012 Eurobonds zugelassen, wäre die Geschichte anders verlaufen. Ein Signal der Einheit wäre gesendet, der europäische Bürgerkrieg wahrscheinlich vermieden worden. Die Summe – das IFO-Institut sprach seinerzeit von 47 Milliarden pro Jahr –, die die Bundesregierung damals nicht bereit war zu zahlen, könnte ein Klacks sein gegenüber dem, was Deutschland verliert, wenn die europäischen Demokratien zerbrechen und der Euro gleich mit. Wenn man die dystopische Spirale sich weiter nach unten drehen lässt, wird neben viel Geld auch all das verloren sein, wofür Europa steht: Demokratie, Freiheit, Rechtsstaat, Menschenwürde. Eine Haftungsunion – und eine Fiskalunion ist Teil derselben – ist ein politischer Gründungsakt per se. Die Frage ist nur, ob wir uns vorher dafür die Köpfe einschlagen oder ob wir sie gleich einführen, gesittet und friedlich.

Woran liegt es also, dass die europäische Demokratie inklusive Fiskalunion wider besseres Wissen nicht gezimmert wird, sondern die europäischen Staaten immer wieder in die nationale Spur zurückgleiten? Ulrich Beck hat das Argument vorgebracht, dass das Emporkommen der europäischen Nationalstaaten im 19./20. Jahrhundert nur gelingen konnte, weil es von den nationalen Industrien gefördert wurde, die im Gegenzug Monopole in den damaligen entwicklungstreibenden Industrien erhielten, z. B. Energie, Elektrizität oder Telefon. Industrie und Nationalstaat bedingten also einander. Damals waren indes die Gewerkschaften stark; ab Ende des 19. Jahrhunderts forderten sie immer machtvoller Mitbestimmung, soziale Verbesserungen und vor allem das allgemeine Wahlrecht. Die organisierte Arbeiterschaft hatte strukturelle Macht, der industriellen Wirtschaftselite demokratische Zugeständnisse abzuverlangen. Nationalstaat, Industrie und Demokratie bildeten, vorübergehend zumindest, ein stabiles Dreieck, das erst zerfiel, als sich die Schwerindustrie im Zuge der Weltwirtschaftskrise 1929 entschloss, die Demokratie nicht mehr zu unterstützen.

Wollte man die Analogie zur Gegenwart ziehen, müsste sich die heute entwicklungstreibende europäische Industrie – Nachrichtentechnik, Software-Entwicklung, Cyberindustrie etc. – dem Ziel einer europäischen Demokratie verpflichten, weil sie davon profitieren würde, z. B. von oligarchischen Strukturen, Steuervorteilen oder Marktmonopolen. Nichts liegt in der europäischen Realität indes ferner. Im Gegenteil, der nachrichtendienstliche Komplex oder die App-Entwicklung sind längst zu einem Treiber nationaler Sicherheitsindustrien geworden. Die offenen Strukturen des europäischen Binnenmarktes wiederum werden dazu genutzt, sich nationaler

Steuerpflicht zu entziehen, z. B. durch Produktionsabwanderung ins europäische Ausland oder dadurch, Unternehmensansiedlung durch Steuerdumping zu befördern oder durch billige Leiharbeiter aus dem Ausland die Lohnkosten zu senken. Staat, Industrie und Demokratie bilden heute also auf europäischer Ebene kein stabiles Dreieck, sondern hebeln einander aus. Die europäische Wirtschaft nutzt den Binnenmarkt und die gemeinsame Währung, ohne sich um Umverteilung und Demokratie zu kümmern. Warum sollte sie das ändern wollen? Kurz: Die europäische Demokratie hat keinen ökonomischen Treiber.

Hier kommt die Matrix des »identitären Bürgerkriegs« ins Spiel, genauer: das Spiel mit der Angst. Die aktuelle Verknüpfung von Euro- und Sicherheitsdiskursen in allen europäischen Staaten lässt als dystopischste Variante eines potentiellen europäischen Bürgerkriegs das Kalkül durchschimmern, dass Repression unter den gegebenen technologischen Bedingungen in Europa billiger sein könnte als Redistribution. Wenn zudem bis 2030 durch Robotics und das Internet der Dinge rund 40 Prozent der heutigen Beschäftigungsverhältnisse verlorengehen und vielleicht nicht ersetzt werden können, dann bedeutet das nicht nur die Auflösung der letzten Reste der klassischen europäischen Industriegesellschaften, sondern auch das Ende der gesamten sozialen Sicherungssysteme, wie sie im globalen Maßstab als europäisches Kulturgut und Spezifikum verstanden werden können. Griechenland, dessen Sozialsysteme durch die Eurokrise praktisch liquidiert sind, bietet einen Vorgeschmack. Das wäre dann der technologisch-industrielle Kontext des neuen europäischen Bürgerkriegs. Wie wollte man ihn befrieden? Entweder ringt sich Europa zu einem völlig neuen Begriff von Arbeit durch und schafft den Sprung in ein europäisches Bürgergeld. Oder aber nationale Überwachungsstaaten halten die Bürger in Angst gefangen, wobei die Bedrohung durch Migration und Terror einen probaten Vorwand liefert – rund zwei Milliarden Euro sind in den vergangenen zehn Jahren in die Sicherheitsforschung gesteckt worden.

Das historische Meta-Argument ist, dass sowohl in der Phase der ersten Demokratisierung Europas ab 1880 unter starkem Einfluss der europäischen Sozialdemokratie als auch in der zweiten Demokratisierungsphase nach 1949 Redistribution billiger als Überwachung war, dies jedoch für heute nicht unbedingt zutrifft. Redistribution und Demokratisierung sind dieser These zufolge keine emanzipatorischen Prozesse, sondern eine Konzession der ökonomischen Machteliten. Dass diese Konzession in einem neuerlichen europäischen Bürgerkrieg gemacht wird, mag im 21. Jahrhundert zur Diskussion gestellt werden. Wollen wir wirklich europäische Demokratie – oder doch nur einen europäischen Markt und eine europäische Währung, wäre dann die Frage. Und wer wird für die Demokratie streiten? Enzensberger beklagte schon 2011, dass die Europäer nicht geneigt scheinen, sich gegen ihre politische Entmündigung zur Wehr zu setzen, sondern eher in Teilnahmslosigkeit oder Zynismus verfallen. Ist die politische Mitte Europas, ist die sozial ausgefranste europäische Zivilgesellschaft der »regressiven Moderne« (Oliver Nachtwey) über die Grenzen hinweg geeint und in der Lage, sich zu bündeln? Können die rund 70 Prozent Nicht-Populisten und Nicht-Nationalisten einen demokratischen politischen Überbau in Europa hervorbringen – oder haben sie nur eine hilflose Zuschauerrolle in diesem Prozess? Anders formuliert: Wie viele »Parteien« gibt es im europäischen Bürgerkrieg, der sich möglicherweise anders darstellt denn als bloße Gegenüberstellung einer diffusen politischen Mitte, die jetzt überall in Europa die liberale Demokratie verteidigen will, gegen die Rechtspopulisten?

Teil II

Die Entscheidung: Zurück in die Geschichte?

Europäischer Geist versus Ungeist

»*Europa wird nicht die Frucht einer simplen ökonomischen, ja nicht einmal politischen Transformation sein; es wird nicht existieren, solange es sich nicht ein bestimmtes – moralisches und ästhetisches – Wertesystem zu eigen machte.*«

Julien Benda

Zum zweiten Mal erleben wir, dass sich ein originär ökonomischer Konflikt und eine Krise des Liberalismus in Nationalismus kanalisieren. Nationalismus ist Ausdruck des vergeblichen Ringens um eine fällige gesellschaftliche Weiterentwicklung. Er ist eine Reaktion auf die Probleme, nicht deren Ursprung: Wo Europa nicht entsteht, bleibt nur das Verharren in erstarrten, verknöcherten Verhältnissen. Nationalismus wiederum hat es leicht, denn die Nationen sind schon da und gelten als bewährt. Ein soziales und demokratisches Europa hingegen ist Neuland. Nationalismus und sein hässlicher Bruder, der Populismus, sind also Symptome, Mechanismen der Abschottung, wo der Weg, die gesellschaftlichen Probleme – etwa die Krise des Neoliberalismus – gesamteuropäisch zu lösen, institutionell wie politisch versperrt ist. Hier liegt die Ähnlichkeit zu dem, was vor ziemlich genau hundert Jahren schon einmal in Europa diskutiert und auch schon als »europäischer Bürgerkrieg« bezeichnet wurde, nämlich als Kulturkampf zwischen europäischem *Geist* und nationalem *Ungeist*.

In seiner Schrift *Das geheime Europa*, kurz vor seinem Tod

an der Front verfasst, deutet der Maler Franz Marc den Ersten Weltkrieg als einen Kulturkampf geistig-moralischer Art, der zwischen den Kräften eines progressiv-künstlerischen und eines säkularisiert-materialistischen Europas ausgetragen werde. Zum ersten Mal wird der Erste Weltkrieg als Bürgerkrieg innerhalb einer kulturellen Einheit beschrieben: »Denn in diesem Kriege kämpfen nicht, wie es in Zeitungen steht und wie die Herrn Politiker sagen, die Zentralmächte gegen einen äußeren Feind, auch nicht eine Rasse gegen die andre, sondern dieser Großkrieg ist ein europäischer Bürgerkrieg, ein Krieg gegen den inneren, unsichtbaren Feind des europäischen Geistes. Das muss einmal ausgesprochen und begriffen werden; dann wird man auch begreifen, dass wir nach dem entsetzlichen Blutopfer des Krieges den inneren Feind, den Ungott und Unhold Europas, die Dummheit und Dumpfheit, das ewig Stumpfe mit allen Waffen fort und fort bekämpfen müssen, um zu helleren Klängen, zur Helligkeit des europäischen Typus durchzudringen.«

Die Intellektuellen der Zeit, allen voran Stefan Zweig, betrachteten in den 1920er und 1930er Jahren die Kräfte der europäischen Geschichte als alternierenden Grundkonflikt: zum einen den Drang nach Abgrenzung und Abschottung, nach politischer Parzellierung und Verfeindung, der sich immer wieder in Kriegen entlud; zum andern die Entwicklung hin zum europäischen *Geist*, zur europäischen Einheits- und Verbrüderungsbewegung, die laut Zweig aus der »ewigen Sehnsucht nach Einheit des Gefühls, Wollens, Denkens und Lebens« hervorgehe. Auch damals tobte in den europäischen Debatten ein Entscheidungskampf zwischen Nationalismus und Europa.

Heute gelesen, kann man sich nur wundern, wie aktuell diese Schriften sind. Zwischen 1925 und 1934, als das faschistische Grollen schon laut vernehmbar war, sind nahezu

600 Bücher und Zeitschriftenartikel zum Thema europäische Einigung erschienen, zahlreiche Vereinigungen warben für die politische Zusammenarbeit der Nationalstaaten und machten Vorschläge für ein wirtschaftliches *und* soziales Fundament des *geistigen* Europas. Schon damals konnte man lesen, dass die Kooperation niemals auf die Wirtschaft beschränkt sein könne, im Gegenteil, dass Europa nur über die Mäßigung der Wirtschaft zum *Geist* gelangen könne. Ob Heinrich Mann oder Julien Benda, ob Stefan Zweig, Jacques Rivière oder Romain Rolland: Sie alle sahen sich in der Tradition von Aufklärung, Humanismus und Vernunft. Kurz, sie bekannten sich zum Kodex universalistisch-pazifistischer Werte der französischen Moralisten des 17. und der europäischen Aufklärer des 18. Jahrhunderts. Anti-Nationalismus und ästhetische wie republikanische Erziehung zu Europa waren die Eckpfeiler europäischen Geistes und europäischer Freiheit.

Es ging in jener »Epoche des Widersinns« (Zweig) immer wieder um europäische Bildung, Kultur und *Geist*, um die Verpflichtung der Intellektuellen, nationale Barbarei und *Ungeist* zu bekämpfen. Stets wehrten die Intellektuellen sich gegen die Beharrung auf eigenen, partikularen Interessen zu Lasten anderer. Wo sind solche Stimmen in Zeiten der Eurokrise und der Hochkonjunktur »nationaler Interessen« à la Volker Kauder? Die damaligen Schriften tragen Titel wie *Die moralische Entgiftung Europas*, *Die Einigung Europas* oder *Appels aux Européens* (Zweig). Julien Benda hat in seinem fulminanten Essay *Der Verrat der Intellektuellen* von 1927 diejenigen angeklagt, die in die politische Arena hinabgestiegen seien, um eine Politik der nationalistischen Interessen zu unterstützen, anstatt am Universellen, Allgemeinmenschlichen der europäischen Ideengeschichte festzuhalten. Er meinte damals Heinrich von Treitschke, Maurice Barrès oder Charles Maurras. Seit Jahren sind der Front National und die ihn umgebende *Nouvelle Droite,* aber auch neurechte Kreise in Deutschland bemüht, den Nationalismus auch intellektuell wieder aufzurüsten. Selbst des Nationalismus unverdächtige Geistesgrößen wie Hans Magnus Enzensberger beenden ihre berechtigte Kritik an der EU und ihren Institutionen immer wieder mit der Unausweichlichkeit der Nationalstaaten und befördern damit nicht gerade jenes Europa als »Großprojekt der Moderne«, das seit dem 17. Jahrhundert das Ziel aufgeklärter Menschen ist. Wenn Enzensberger schon 1992 zu Recht die »vorkonstitutionellen Zustände« der EU beklagte, dann ist es heute höchste Zeit, die Konstitutionalisierung Europas in Angriff zu nehmen, um den schwelenden europäischen Bürgerkrieg zu beenden. Dafür wirbt nicht nur seit langem schon Jürgen Habermas mit präzisen Vorschlägen, sondern neuerdings auch der Philosoph Julian Nida-Rümelin, der eine Neukonstituierung Europas nicht nur für notwendig, sondern auch für machbar hält und einen europäischen Gesellschaftsvertrag für das 21. Jahrhundert fordert.

Der Hinweis auf die damaligen Debatten zeigt, dass der Bürgerkrieg zwischen europäischem Geist und Ungeist nicht zum ersten Mal tobt. Wieder hat er soziale und wirtschaftliche Gründe, die damals viel katastrophaler waren. Doch gab es damals als zweiten Treiber des Bürgerkriegs nicht das, was wir heute als Flüchtlingskrise kennen. Während die identitäre Abgrenzung damals zwischen den europäischen Nationen stattfand, wendet sie sich heute gegen Muslime und gegen Flüchtlinge aller Art, mit der dialektischen Pointe, dass die heutigen Vertreter des europäischen Ungeistes als *europäische* Bewegung daherkommen. Wilders, Strache, Le Pen und Co. gerieren sich als Retter Europas. »Die Verteidigung Europas« hieß das Motto ihrer gemeinsamen Treffen in Linz und Koblenz. Neidlos muss man konzedieren, dass sie, anders als ihre Widersacher, als geschlossene europäische Bewegung mit klaren

Zielen auftreten – nur eben nicht im europäischen Geist der Aufklärung.

Der Grundstein für das, was in den 1950er Jahren in Europa entstand, wurde in den Jahren zwischen den beiden Weltkriegen gelegt. Die Pläne der »Paneuropa-Bewegung« aus den 1920er Jahren unter Führung von Richard Coudenhove-Kalergi sahen ein geeintes Europa als dezidiert politisches, ökonomisches und geostrategisches Gesamtprojekt vor und waren damit Vorläufer der Römischen Verträge von 1957 und des Maastrichter Vertrags von 1992, beide übrigens von der katholischen Soziallehre geprägt. Fast hätte man sich gewünscht, dass Jean-Claude Juncker sich diese Pläne, knapp einhundert Jahre später, noch einmal angeschaut hätte, bevor er seine »Fünf Szenarien für die Zukunft Europas«, die an Beliebigkeit kaum zu überbieten sind, Anfang März 2017 der Öffentlichkeit präsentiert hat. An einer vertieften Zusammenarbeit im Bereich der Elektromobilität hätten die damaligen Vordenker die Zukunft eines geeinten Europas sicher nicht festgemacht – und auch nicht die Gründungsväter der heutigen EU, Jean Monnet und Walter Hallstein.

Bis 1929 wurde das »Paneuropa-Projekt« unter der Führung von Aristide Briand und Gustav Stresemann mit Unterstützung des Völkerbunds vorangetrieben, bis es durch den Tod Stresemanns und den New Yorker Börsenkrach von der Geschichte erst einmal hinweggefegt wurde. Doch das heutige Europa bis hin zu seinen Vertragstexten ist aus diesem europäischen Geist entstanden. Den Intellektuellen von damals war kurz vor dem neuen Krieg klar, dass, sobald dieser vorüber war, Europa als »Projekt der Moderne« wiederaufgebaut werden müsse, allen voran mit der Jugend und durch Erziehung. Daran gilt es zu erinnern, wenn im heutigen Klima des Ungeistes alles, was die nächste Stufe europäischer Einigung herbeiführen könnte, als utopisch verschrien wird. Heutige Pläne, die sich gegen die Dystopie des Rechtspopulismus und der erneut für unvermeidlich gehaltenen Renationalisierung zur Wehr setzen – europäische Arbeitslosenversicherung, Eurobonds, *European citizenship* oder europäisches Bürgergeld –, sind weder naiv noch utopisch. Sie sind schlicht überfällig.

An die Diskussionen der 1920er Jahre lässt sich auch deshalb anknüpfen, weil die damaligen Europäer ebenfalls einen Ausweg aus der Konfrontation der politischen Extreme suchten. Auch damals waren sich Links- und Rechtsextreme einig in der Ablehnung des Bestehenden und verfolgten radikale gesellschaftliche Neuentwürfe. In den »zerrissenen Jahren« (Philipp Blom) zwischen 1919 und 1938 rangen die unreifen Demokratien um ihre gesellschaftliche Verfasstheit in bürgerkriegsähnlichen Zuständen und kämpften gegen die verkrusteten Strukturen der politischen Systeme, durchaus ähnlich zu heute. Wo der Völkerbund versagte und der Weg nach Europa versperrt blieb, lockte der Weg in den Faschismus. Die tiefe Krise des Liberalismus, spätestens ausgelöst durch den Börsenkrach von 1929, machte die totalitären Gegenentwürfe von links wie rechts plausibel und zog die noch fragilen Demokratien in den Abgrund. Faschismus und Nationalsozialismus auf der einen, Kommunismus auf der anderen Seite waren die konkurrierenden Kräfte, die um die Zukunft des europäischen Kontinents stritten, beschrieben in Ernst Noltes 1987 erschienenem, heftig umstrittenem Buch *Der europäische Bürgerkrieg*. Dass der Liberalismus dann nach dem Zweiten Weltkrieg in Westeuropa wieder dominant werden konnte, ist eine Reaktion auf das Scheitern der Totalitarismen und auf ihre Gräueltaten, die sie völlig desavouierten.

Wie damals geht es auch heute um einen Gesellschaftsentwurf für Europa, um die Frage nach dem politischen Überbau Europas, wenn nicht gar um einen Gegenentwurf zum globalen Kapitalismus. Verschoben hat sich im unipolaren Moment des Neoliberalismus nach dem vermeintlichen »Ende der Geschichte« (Francis Fukuyama) lediglich die Frontstellung des Bürgerkriegs: Euro-*Governance* gegen Rechtspopulismus statt Kommunismus gegen Faschismus. Auch heute sind die Grenzen zwischen nationalem und sozialem Lager fließend. So wird die linksradikale Chantal Mouffe des »völkischen Sozialismus« bezichtigt, und Frédéric Lordon, Spin-Doktor des französischen Parteilinken Jean-Luc Mélenchon, preist in seinem Blog mit durchaus germanophobem Zungenschlag einen *socialisme dans un seul pays*; währenddessen verteilt der nationale polnische PiS-Führer Kaczyński Lebensmittelkarten an alleinerziehende Mütter. Das Nationale und das Soziale vermischen sich oder, mit La Bruyères Worten: *les extrêmes se touchent*. Podemos in Spanien ist durchaus radikalsozialistisch orientiert und experimentiert mit basisdemokratischen Modellen, hat aber eine eher nationale, zumindest nur bedingt europäische Ausrichtung. Pegida wäre wiederum eine Art postmoderne deutsche Variante der damaligen Action Française von Charles Maurras.

Die gesellschaftspolitische Debatte stand damals wie heute quer zu den Nationen – und konnte doch immer nur national artikuliert werden. Den Sprung raus aus der nationalen Spur jetzt ein für alle Mal zu schaffen ist die europäische Aufgabe von heute. Nie waren wir so nahe daran und hatten so viele Mittel, den europäischen Bürgerkrieg zu beenden und aus ihm einen »europäischen Gesellschaftsentwurf« (Oskar Negt) hervorzubringen. Wenn wir es schaffen, den Nationalstaat als bisher einzige Gussform für Demokratie und Sozialstaatlichkeit zu sprengen, dann gibt es die Chance, dass die Neugründung Europas gelingt. Der Rechtspopulismus als Reaktion auf einen durch die EU systemisch forcierten Neoliberalismus spaltet die Nationen, die er zu einen vorgibt. Diese Spaltung aber ist die Voraussetzung für ein neues Europa. Die heutigen Globalisierungs- und Modernisierungsverlierer leben vornehmlich in ländlichen Gebieten. Alle Zahlen verweisen auf eine Korrelation zwischen ländlich, arbeitslos und populistischem Votum, und zwar in allen europäischen Ländern. Das Tauziehen um eine europäische Öffnungs- bzw. Abschottungsagenda verläuft damit längst transnational. Diese ideologische Frontstellung heute für eine Denationalisierung zu nutzen und auf europäischer Ebene politisch zu verhandeln, anstatt sie wieder ins Nationale zurückzuleiten, ist das Gebot der Stunde. Aus einem Markt und einer Währung muss *eine* europäische Demokratie werden. Das ist die Antwort auf die aktuelle Krise Europas und der Weg zur Beendigung des europäischen Bürgerkriegs.

Bis heute ist es nicht gelungen, die wirtschaftliche und währungspolitische Einigung Europas in eine europäische Sozial- und Rechtsstaatlichkeit einzubetten, die wir im nationalen Rahmen für selbstverständlich erachten. Wirtschaftliche Integration allein aber spaltet, sie macht aus Nationalität letztlich ein Wettbewerbselement. Das Soziale dagegen eint: Genau darum ist die Frage der Solidarität jenseits von Landesgrenzen heute das zentrale Thema des europäischen Bürgerkriegs. Um nichts anderes geht es, wenn wir heute *Bail-out*-Pakete und Sparpolitiken oder den Grexit verhandeln. Soll Europa wirklich geeint werden und funktionieren, kommen wir nicht darum herum, die Hürde einer gemeinschaftlichen Sozialpolitik zu nehmen. Was mit Blick auf die deutsche Einheit am Ende des 19. Jahrhunderts die allgemeine deutsche Sozialversicherung war, müsste heute eine europäische Arbeitslosenversicherung sein. Sie würde einen europäischen »Wohlfahrtspatriotismus« begründen, zudem eine europäische Identität schaffen und damit gesellschaftlich wirkungsmächtig werden. Auch konservative Ökonomen sehen inzwischen in der Föderierung von Sozialsystemen das entscheidende Potential für die Beförderung der europäischen Einigung. Die Frage von Marine Le Pen *Qui s'occupe des pauvres?* wäre beantwortet: *L'Europe!*

Was uns erwartet

»Der Begriff des Fortschritts ist in der Idee der Katastrophe zu fundieren. Dass es ›so weiter‹ geht, ist die Katastrophe.«
Walter Benjamin

In einem kleinen Gedicht Erich Kästners aus seiner *Lyrischen Hausapotheke* heißt es: »Als sie einander acht Jahre kannten …, kam ihre Liebe plötzlich abhanden. Wie andern Leuten ein Stock oder Hut. Sie … rührten in ihren Tassen … und konnten es einfach nicht fassen.« Ersetzt man das Wort Liebe durch Demokratie, erfasst man die augenblickliche Lage: Wir sind fassungslos über die Beiläufigkeit, mit der sich die Demokratie selbst abschafft. Wir bemerken, dass die Demokratie in einigen Teilen Europas vielleicht schon verloren ist, und das Erschrecken darüber ist groß. Jetzt rächt sich die Leugnung der Gründe für das Aufkommen des Rechtspopulismus und die Leugnung der Tatsache, dass dieser schnell systemisch werden kann und nicht wegschmilzt wie Erdbeereis, nur weil man wegschaut. De facto haben die Rechtspopulisten die Parteiensysteme in halb Europa längst gesprengt (Frankreich, Niederlande, Österreich) oder die politischen Systeme gekapert (Ungarn, Polen). Dieser Prozess ist zunächst unwiderruflich. Ist ein solcher Bazillus erst einmal in der Welt und hat eine kritische Masse erreicht, entfaltet er eine Eigendynamik, wird systemrelevant. Das ist in Europa der Fall: In vielen europäischen Staaten erreichen populistische Parteien zwischen 20 und 30 Prozent. Das Schleichende dieser Prozesse ist aus früheren Epochen gut beschrieben, z. B. in Christopher Clarks

Die Schlafwandler. Was gestern noch tabu war, ist heute nicht mehr anstößig. Unmerklich werden Grundfesten verschoben. Wovon man glaubte, es könnte nie passieren, das geschieht auf einmal, z. B. der Brexit.

Wer nur ein wenig politischen Instinkt hat, dem dürfte inzwischen klar sein, dass ein großes Unwetter auf Europa zurollt. Die Zeichen stehen auf Unheil. »Der Firnis der Zivilisation ist dünn«, sagte jüngst der Präsident des Bundesverfassungsgerichts Andreas Voßkuhle. Die spürbare Unruhe in weiten Teilen der Gesellschaft, das Erschrecken vieler, die Demokratie könnte in Europa tatsächlich verlorengehen, die Hektik der Zivilgesellschaft, etwas dagegen zu tun, ist mit Händen greifbar. Zumal die USA gerade in einer Art *reality show* aufführen, wie hilflos ein ganzes System dagegen ist, sehenden Auges gekapert zu werden, und wie schleppend die Gegenwehr zustande kommt. Auch die politischen Systeme Europas scheinen ohnmächtig, sich des schleichenden Rechtspopulismus zu erwehren, der sie eins nach dem andern wie Mehltau befällt. Ungarn und Polen sind schon »gefallen«, die FPÖ in der Wiener Hofburg konnte mit knapper Not verhindert werden, von autoritären Versuchungen durch von Milliardären gekaufte Parteien in den kleineren Visegrád-Staaten redet gar niemand. Geert Wilders wildert trotz verlorener Wahl weiter in den Niederlanden, und Frankreich, der größte und wichtigste europäische Partner Deutschlands, steht in vielerlei Hinsicht kurz vor der Implosion, dem inneren Zerfall, an dem der neue Präsident so schnell nichts wird ändern können. Nicht vergessen werden darf, dass sich Frankreich schon 2005 mit dem »Nein« zum Europäischen Verfassungsvertrag emotional von Europa verabschiedet hat.

Erstaunlich ist nicht das Anschwellen des Rechtspopulismus; erstaunlich ist eher, warum es erst jetzt offen thematisiert wird. Dass es in Europa in fast allen Bevölkerungsschichten gärt, auch in Deutschland, ist seit langem bekannt und von Soziologen ausführlich vermessen. Es wurde als gesellschaftliche Tatsache lediglich ausgeblendet. Insofern muss auch die Überraschung anlässlich des Brexit-Votums oder der knappen Hofer/van der Bellen-Wahl in Österreich als geheuchelt erscheinen: Umfragen, die soziale Netzwerke und mithin gerade auch die unteren Schichten einbezogen, haben diesen Trend vorhergesagt. Viel zu lange wurde weggeschaut, verdrängt und nicht gehandelt. Der Abbau des Rechtsstaats in Ungarn z. B. wurde von der EU nicht geahndet und von der EVP-Fraktion nicht einmal moniert. Dabei wurde unterschätzt, welche systemischen Folgen dies hat. Der freiheitlichen politischen Kultur wird gleichsam der Stecker gezogen. Brauchte Viktor Orbán noch Jahre für die Demontage des Rechtsstaats, erledigte Jarosław Kaczyński das im Handumdrehen. Populismus beginnt nicht mit absoluten, sondern mit relativen Mehrheiten – oder mit Minderheiten. Die PiS z. B. wurde in Polen im Herbst 2015 mit 38 Prozent der Stimmen gewählt, bei einer Wahlbeteiligung von rund 50 Prozent. Hochgerechnet auf die Wahlberechtigten haben also nur rund 20 Prozent für die PiS gestimmt. Aber einmal an der Macht, verbarrikadieren sich populistische Regierungen, nisten sich ein im System und schaffen sich Gefolgsleute. Es ist jener Kreislauf, der aus persönlicher Ohnmacht zum Wegschauen, schließlich zur Resignation führt, vor allem dann, wenn – wie in Ungarn – längst subtile Methoden der Repression angewandt werden, etwa der Entzug einer Professur wegen eines kritischen Buches.

Die Demontage der Demokratie hat Methode. Sie beginnt mit der Einschüchterung der Medien und Restriktionen für Journalisten. Ungarn und Polen haben dieses Stadium längst hinter sich. In Ungarn wurde letztes Jahr die regierungskritische Zeitung *Népszabadság* einfach von Orbán einkassiert. In Polen ist es der Zivilgesellschaft durch laute Proteste über

Weihnachten mühsam gelungen, die Mediengesetze, die Journalisten den Zugang zum Sejm beschneiden sollten, zu stoppen. Die Haushaltsgesetze hingegen wurden trotz Protest vom Präsidenten unterschrieben und bewirken eine massive Austrocknung von Fördermitteln, z. B. für Kulturschaffende. Man nennt es »ökonomische Zensur«. Theatern und anderen Trägern des gesellschaftlichen Lebens, die nicht ins nationalkonservative Weltbild passen, wird der finanzielle Boden entzogen – eine wirksame Methode, um kritische Stimmen aus dem öffentlichen Leben zu entfernen. Die Populisten haben erkannt, dass es gilt, die Köpfe der nächsten Generation zu erobern. Interessanterweise fließt in Polen wie in den USA, in Ungarn wie auch in Deutschland jede Menge privates Geld, oft von Millionären, in Bibliotheken, die rechtes und nationalistisches Gedankengut fördern und der Öffentlichkeit umsonst zur Verfügung stellen.

Economic censorship findet unterhalb des öffentlichen Radars statt, es reicht nicht für Empörung. Irgendwann erschöpft sich der Protest. Wenn sich gleichzeitig die PiS um die jungen polnischen Frauen kümmert, indem z. B. das Kindergeld plakativ erhöht wird (wer will schon etwas dagegen sagen?), dann kann man sich eine Vorstellung davon machen, wie die polnische Gesellschaft in wenigen Jahren aussehen wird. Nationalismus hatte schon immer die Komponente, Frauen wieder an den Herd zu schicken. Eine jüngst veröffentlichte Studie kommt zu dem Schluss, dass, obgleich 80 Prozent der Polen noch immer einen Verbleib in der EU befürworten, die gesellschaftliche Akzeptanz für klassische PiS-Themen – Heimat, Identität, Ehe, Sicherheit – wächst. Der Populismus produziert das Klima, in dem er gedeiht, u. a. weil er – tatsächlich oder vermeintlich – ein Angebot von Gemeinschaft macht, das die Linke nicht bietet, und sich um die Menschen kümmert. *Les classes populaires*, das war einmal das Terrain der

Sozialdemokratie. Die PiS ist in diesem Sinn geradezu vorbildlich national und sozial, und viele Polen fühlen sich geborgen. Will man es ihnen verübeln?

Schließlich gehören die Aushebelung der Justiz, insbesondere der Verfassungsgerichtsbarkeit, sowie das Regieren per Dekret zu den Methoden autoritärer Regime. Die Lähmung des Politikbetriebs wird zum Vorwand genommen, Notmaßnahmen und den Ausnahmezustand zu rechtfertigen. Dies aber ist in Zeiten des Terrors nicht mehr nur ein rechtspopulistischer Habitus. Auch in Frankreich ist unter einer »linken« Regierung in den letzten Jahren viel mit dem Notstandsartikel 49.3 regiert worden, durch den das Parlament umgangen werden kann. So geschehen z. B. mit den *Lois Macron*, den Liberalisierungsgesetzen, die im Februar 2015 unter großem Protest am Parlament vorbei in Kraft gesetzt wurden; ebenso die Arbeitsmarktreformgesetze, die im Frühjahr 2016 der Auslöser für die *Nuit-Debout*-Bewegung waren. Die europäische Post-Demokratie hat hier ihren Anfang genommen und rächt sich mit der Stärkung des Front National. Nach den Terroranschlägen in Paris im November 2015 wurde der Ausnahmezustand eingeführt, der bis heute nicht aufgehoben ist. Jeder kann bis auf weiteres ohne Haftbefehl eingesperrt, Wohnungen können bei Verdacht durchsucht, Gegenstände beschlagnahmt werden. Die Vorschriften zum Gebrauch von Schusswaffen wurden gelockert.

Selbstverstärkend ist auch die Dezivilisierung, die der Rechtspopulismus systemisch entfaltet, wenn die Schleusen der Enthemmung geöffnet werden, wenn die Menschenwürde mit Füßen getreten wird, wenn Gewaltbereitschaft oder Mangel an Anstand nicht mehr anrüchig sind. Schleichend geht dabei die Akzeptanz demokratischer Strukturen, insbesondere die des Rechtsstaats, verloren. Subtile Vorboten sind Forderungen wie die nach verlängerter Vorbeugehaft, wie jetzt auch in Deutschland diskutiert. Die autoritäre Versuchung wird geradezu gezüchtet. Auch wenn meist ältere Menschen bei Pegida mitmarschieren: Es sind in ganz Europa vor allem junge Leute (und vor allem junge Männer), die den Glauben an die Demokratie als beste Staatsform verloren haben. Der Anteil der Jugendlichen, die nicht mehr überzeugt sind, dass es essentiell ist, in einer Demokratie zu leben, steigt von Jahr zu Jahr. Diese Jugendlichen sind immer empfänglicher für autoritäre Denkmuster, zum Beispiel steigt die Zahl derjenigen, die einen »starken Führer« oder sogar ein Militärregime begrüßen würden. Die Annahme, dass die Demokratie, einmal errungen, von Dauer sei, wird derzeit durch alle empirischen Erhebungen widerlegt. Die Rechte hat wiederentdeckt, was es lange nicht mehr gab: Fackeln, Lagerfeuer, Gemeinschaft, die Vorformen protofaschistischer Bündelei also. Derlei Identitätsbedürfnisse und Heimatgefühle waren lange nirgendwo mehr sichtbar. Wo die Gesellschaft nicht mehr funktioniert, rückt die Gemeinschaft zumeist nach rechts – Griechenland und Spanien sind da erfreuliche Ausnahmen, weil sie aus der Erinnerung an Militärdiktatur und Faschismus heraus – Obristenjunta und Franco-Regime – nach links kippen, während in Osteuropa der heutige Nationalismus auch ein Gegenreflex zum langjährigen Siechtum unter der sozialistischen Internationale der damaligen UdSSR ist.

Sozialpsychologisch sind nur in der Gemeinschaft Gleichheit und Kraft erfahrbar, und genau um dieses Gemeinschaftsgefühl geht es. Mit »Make America great again« setzte Parvenü Donald Trump hierfür den Ton, der bei den Identitären Europas ein großes Echo findet. Der Spruch stammt eigentlich von Pat Buchanan, der ihn schon im Wahlkampf von 1992 im Munde führte, und zwar mit klarer Stoßrichtung gegen die *New World Order*, die Präsident George H. W. Bush ausgerufen hatte. Es ist nicht zuletzt Nostalgie, die die Brexiters an die Urne getrieben hat, die Front-National-Wähler von der alten *France profonde* träumen lässt, die Polen unter dem Einfluss von Radio Maria zu reaktionären Abtreibungsgesetzen zurückkehren oder die Pegida-Anhänger sich wieder die alte Bundesrepublik ohne Flüchtlinge, Schwulenehe und Euro herbeiwünschen lässt. »Die Masse will immer wachsen. Innerhalb der Masse herrscht Gleichheit. Die Masse liebt Dichte. Die Masse braucht eine Richtung«, schrieb Elias Canetti. Es reicht, sich die Auftritte von Marine Le Pen mit jungen Leuten oder von Jobbik-Rockkonzerten anzuschauen, um ein Gespür für dieses Gefühl zu bekommen. Mit Arbeitsmarktstatistiken ist das nicht wegzubekommen.

Die Hoffnung, ein paar Pegida-Demonstranten, FPÖ- oder FN-Wähler durch die Aussicht auf Jobs wieder einzufangen, so dass sie ihre Abstiegsängste überwinden und wieder Parteien der politischen Mitte wählen, ist naiv. Wir müssen uns von der Vorstellung verabschieden, den Populismus mit herkömmlichen politischen Mitteln (Wachstum, Investitionen etc.) bekämpfen zu können. Längst geht es mehr um Emotionen als um Fakten, wofür der Begriff »postfaktisch« schon gekürt wurde.

Ab rund 30 Prozent – und dieser Wert ist in vielen Ländern Europas längst erreicht – wird Rechtspopulismus systemisch – wie überhaupt alles. Seen kippen, wenn sie mehr als 30 Prozent Sauerstoff verlieren, und es hilft auch nichts, ihnen Sauerstoff zuzuführen. Erst aus der Gärmasse des gekippten Sees entsteht neues Leben. Das ist die Chance für Europa, für seine Neugründung. Anstatt also darauf zu hoffen, dass sich alles irgendwie wieder »normalisiert«, sollten wir versuchen, diesen Prozess im Sinne eines demokratischen Europas bewusst zu nutzen. Denn was hieße überhaupt »normalisieren«? Zu welchem Zustand der nationalen Demokratien wollte man zurückkehren, etwa in Frankreich, Ungarn oder Polen? Nein, nichts in der Geschichte lässt sich restaurieren, genauso wenig wie wir davon träumen können, jemals wieder in ein Flugzeug zu steigen, ohne vorher das halbe Kosmetikköfferchen entleeren zu müssen. *There is no back to normal*, also müssen wir nach vorne, nach Europa.

Wer ist das Volk?

»Allein, sie wiegeln dabei unter dem Vorwand, dass es das Volk sei, die Bürger gegen den Staat und die Menge gegen das Volk auf.«
Thomas Hobbes

In ihrer Betrachtung über die Französische und die Amerikanische Revolution erklärt Hannah Arendt das Scheitern der Französischen, weil diese am Ende auf die Herrschaft des *Volkes* setzte, was mit Robespierre und der Guillotine endete; das Gelingen der Amerikanischen aber dadurch, dass diese auf die Herrschaft des *Rechts* setzte und in der besten und schlankesten republikanischen Verfassung endete. Wo die Französische Revolution auf das *bonheur* der Menschen setzte und das Versprechen letztlich nicht einlösen konnte, sicherte die Amerikanische Revolution die Freiheit durch die Verfassung. Dieses große Erbe der liberalen Republik Amerika beerdigt Donald Trump gerade genau dadurch, dass er diese Verfassung unter den entsetzten Augen der Welt Stück für Stück außer Kraft zu setzen versucht, was hoffentlich nicht gelingt.

Durch die Revolution sollte der Ort der Macht ins Volk verlegt werden, die Quelle aller Gesetze aber war die Verfassung, die man zwar so oder so interpretieren oder abändern kann, die aber das Gegenteil des sogenannten Volkswillens ist, jenes subjektiven, ephemeren Gemütszustands, der sich z. B. in Referenden ausdrückt. Das Volk ist die Quelle von Legitimität, nicht aber Gesetzgeber, und das ist gut so, denn das Volk kann sehr dumme Dinge wollen. Ohne Verfassung ist alles nichts, zitiert Arendt den amerikanischen Gründungsvater James Madison. Denn wer überhaupt ist das britische Volk, mögen sich heute die Briten fragen. Diejenigen, die für den Brexit, oder die, die dagegen waren? In guter europäischer Tradition wäre ein Quorum von zwei Dritteln für eine Verfassungsänderung – und nichts anderes ist der Brexit – das Mindeste gewesen, was man zur Auflage des Referendums hätte machen müssen. Jetzt muss der »ephemere Gemütszustand« der britischen Bevölkerung an jenem verhängnisvollen 23. Juni 2016 exekutiert werden, koste es, was es wolle, in diesem Fall geschätzte 40 bis 60 Milliarden. Wider besseres Wissen wird eine Laune exekutiert, weil es kein Zurück gibt – und ganz Europa wird mit in das Desaster gezogen, obgleich es nicht mitentscheiden konnte. Der Brexit ist ein gutes Beispiel für die Eigendynamik eines politischen Prozesses, in dem ein ganzes Land *eyes wide shut into disaster* marschiert und dann etwas schöngeredet werden muss, von dem viele inzwischen wissen, dass es sehr unschön ist. Die kollektive Leugnung der Wirklichkeit ist selbst ein Element von Populismus und Nationalismus, wo mit Stolz kaschiert wird, was politisch Unfug ist. Bei einem Referendum wird das Volk im Gegenteil instrumentalisiert für etwas, das es im Zweifel weder steuern noch bewältigen kann. Grotesk wird es dann, wenn auch noch die weglaufen, die den Schlamassel verursacht haben, wie in Großbritannien.

Legitimität wird in der repräsentativen Demokratie genau dadurch erreicht, dass das Parlament verantwortlich ist, weshalb die Abgeordneten abgewählt werden können, wenn sie ihrer Verantwortung nicht nachkommen. Das Volk aber kann nicht abgewählt werden. Es kann seine Entscheidungen nicht rückgängig machen und es kann auch nicht zur Verantwortung gezogen werden – wohl aber ein Parlament, das zudem Entscheidungen der Vorgängerregierung aufheben kann. Das Volk, so Thomas Hobbes im *Leviathan*, kann als solches nie gegenwärtig sein und daher immer nur repräsentiert werden. Der *populus* als politischer Körper ist nicht gleich der Bevölkerung, und nur sie kann befragt werden. Die Verwechslungsgefahr spricht dafür, auf den Volksbegriff ganz zu verzichten.

Allgemein gilt, dass Partizipation nicht mit Plebiszit zu verwechseln ist. Bürgernahe partizipative Prozesse auf lokaler oder regionaler Ebene werden gut angenommen und verlaufen zufriedenstellend, gerade wenn Prozess und Thema überschaubar sind und die Bürger, die sich beteiligen, für das Ergebnis in der Verantwortung stehen. Hingegen ist das Plebiszit gleichsam die hässliche Schwester von Wahlen: Man kann, blickgeschützt in der Wahlkabine, einfach mal gegen das Gemeinwohl stimmen, solange man selber glaubt, dass man etwas davon hat. David Van Reybrouck argumentiert in seinem Buch *Gegen Wahlen*, dass das politische Entscheiden heute über Wahlen ebenso schlecht gelingt wie über ein Referendum, da Parteien Wahlen zunehmend so inszenieren, dass eher der persönliche Vorteil als das Interesse der Gemeinschaft gewählt wird (z. B. die eigene Steuerersparnis). In lokalen und überschaubaren Formen der partizipativen Demokratie liegt also die Zukunft. Zentral geht es um die Koppelung von Partizipation und Verantwortung, die bei einem Referendum eben nicht gegeben ist, zumal wenn die Fragestellung abstrakt und die Folgenabschätzung für den Einzelnen nicht möglich ist.

Die derzeitige Auflösung des Links-rechts-Paradigmas durch Beppe Grillo oder Marine Le Pen (»*ni droite, ni gauche*«), auf der der Alleinvertretungsanspruch des Volkes gegen die politische Klasse begründet wird, ist der wohl eklatanteste Vorbote des europäischen Bürgerkriegs in seiner *theoretischen* Dimension, um den allein es hier gehen soll, denn natürlich ist der Begriff »Bürgerkrieg« facettenreich und wird auf die verschiedensten Auseinandersetzungen politischer oder religiöser Natur zwischen Staaten und Gesellschaftsgruppen angewandt. Hier geht es allein um »Bürgerkrieg« als Auseinandersetzung über die Struktur bzw. die Verfasstheit von Staat und Gesellschaft, und zwar mit Blick auf die Neukonstituierung Europas. Dieser Prozess ist strukturell am ehesten noch vergleichbar mit dem römischen Bürgerkrieg – *bellum civile* – in seinen verschiedenen Phasen (z. B. zweites Triumvirat gegen Republikaner), wo es auf der Grundlage von sozioökonomischen Verteilungskämpfen und persönlichen Machtansprüchen um die künftige Struktur des *imperium romanum* ging. Ähnlich streiten wir heute europaweit um ein Gesellschaftsmodell und die verschiedenen Machtpositionen in ihm – vor allem aber darum, wer die Souveränität in Europa innehat.

Die Aufkündigung nicht nur des klassischen Parteienschemas durch den Rechtspopulismus, sondern gleichermaßen von Repräsentation, Vermittlung, Institutionen, Deliberation und Konsens, zieht die Auflösung des politischen Körpers der europäischen Nationalstaaten nach sich. Die generell antiinstitutionelle Stoßrichtung findet sich genauso bei der radikalen Linken (z. B. Podemos), die derzeit wieder fleißig Rousseau und seine basisdemokratische *volonté de tous* studiert. Beides ist letztlich eine Reaktion auf lange Jahre des technokratischen Regierens mit Expertenkommissionen. Kurz: Der Populismus ist das Korrelat zur Technokratie.

Interessanterweise veröffentlichte der italienische Philosoph Giorgio Agamben ausgerechnet 2015 eine Theorie des Bürgerkriegs, nachdem, wie er schreibt, seit Jahrzehnten eine solche gefehlt habe. Nicht nur im öffentlichen Raum, auch in den theoretischen Debatten wird der Begriff »Bürgerkrieg« also derzeit diskutiert. Agamben unterscheidet zentral zwischen Volk als *populus*, also politischem *Körper*, und *Menge*, und das macht Sinn, wenn wir die europäischen Demokratien heute besichtigen. Es stehen sich Gruppen von Bürgern gegenüber, die eine *Menge* bilden, aber nicht das *Volk* repräsentieren. Pegida ist nicht *das* Volk, sondern nur *eine* Menge; und auch die Demonstranten, die in Polen gegen die PiS-Regierung oder in Rumänien für die Anti-Korruptionsgesetze auf die Straße gehen, sind ebenso wenig das Volk. Wer also ist das Volk? Wer hat den (Allein-)Vertretungsanspruch? Der Brexit hat die britische Nation nicht geeint, sondern zutiefst gespalten, genauso wie die PiS Polen spaltet und Geert Wilders die Niederlande, die FPÖ Österreich und Marine Le Pen Frankreich. Überall von nationaler Einheit keine Spur! Die Spaltung der europäischen Nationen in Stadt und Land, Jung und Alt, Zentrum und Peripherie, Arm und Reich etc. ist längst latent. Die ideologischen und politischen Frontstellungen der europäischen Bürger hängen heute nicht mehr davon ab, ob man Deutscher, Franzose oder Pole ist, sondern davon, ob man reich und städtisch ist oder alt und arm und auf dem Land wohnt.

Wo aber die Krise der Repräsentation den politischen Körper zerlegt, da herrscht *stricto sensu* Bürgerkrieg insofern, als dass es nur noch konkurrierende *Mengen* von Bürgern gibt, von denen keine die politische Vertretung für alle beanspruchen kann. Der politische Körper löst sich auf und muss neu begründet werden. Der neue politische Köper aber kann nur Europa sein.

Wie Agamben schreibt, bedeutet Bürgerkrieg immer eine Politisierung der Bürgerschaft. Genau das erleben wir. Eine nervöse Zivilgesellschaft rüstet gegen den Populismus auf. Selten wurde so viel diskutiert wie heute, die Bürger werden sich wieder bewusst, dass die Politik ihr persönliches Leben betrifft. Nichtteilnahme am Bürgerkrieg ist gleichbedeutend mit dem Ausschluss aus der *polis*. Der unpolitische Rückzug ins

Private wird zumindest riskant, das Politische kann gefährlich werden. Politische Einheit hindert die gegensätzlichen Gruppierungen daran, sich bis zur extremen Feindschaft zu dissoziieren. Als äußerster Punkt der Dissoziation ist der Bürgerkrieg etwa beim Staatsrechtler Carl Schmitt, der nicht von ungefähr ein Comeback erlebt, ein fester Bestandteil des politischen Systems. »Die Natur schafft keine Nationen«, hatte schon Spinoza erkannt. Die Schaffung eines politischen Körpers hängt darum nicht von *einem* Volk ab, sondern vom Willen zur Konstitution.

Darin liegt die Chance für eine politische Neubegründung eines Europas, in dem Souveränität und politische Entscheidungsgewalt nicht mehr bei den Nationalstaaten liegen. Im *Leviathan* beschreibt Hobbes den Prozess, in dem sich eine aufgelöste Menge vom König dissoziiert. Die *aufgelöste* Menge muss durch den Moment des Bürgerkriegs, durch die Uneinigkeit hindurch, sie kann nicht in den bestehenden politischen Körper zurück. Was verschwindet, ist das Volk. Wo sich momentan die »nationalen Völker« in Europa politisch teilen, werden die Bürger Europas zu einer *ungeeinten* Menge, die sich in einem neuen *populus*, einem neuen politischen Körper konstituieren muss. Die Auseinandersetzung über die neue Regierungsform ist der Moment der *Stasis*, des Bürgerkriegs. Das griechische *Stasis* bedeutet »Stauung« oder »Stockung«. Der Staat ist so lange noch nicht aufgelöst, wie der Bürgerkrieg andauert und der Kampf zwischen Menge und Souverän nicht entschieden ist.

Genau da stehen wir heute in Europa, und wir sollten diesen Zustand nicht zu lange schwelen lassen. Durch die Neukonstituierung wird die Menge wieder geeint. Im Klartext: Wir müssen uns von den Nationalstaaten verabschieden und einen europäischen Souverän als politischen Körper neu begründen. Das macht Angst und schafft Unruhe. Aber es wäre genau die Perspektive einer Neubegründung Europas, durch die wir den schwelenden Bürgerkrieg, die Frontstellung von nationaler Demokratie und Rechtspopulismus, überwinden könnten zugunsten eines *richtigen* Europas: *ein* Markt, *eine* Währung, *eine* Demokratie. Und zwar über eine *Constituante*, eine verfassunggebende Versammlung, die sich auf die Vertretung der europäischen Bürger stützt und nicht auf einen Konvent, in dem die Nationalstaaten die Vertreter sind. Es geht um nichts Geringeres als darum, den *europäischen Geist* buchstäblich zu verfassen und nicht wieder national abzubiegen. Das ist freilich ein bisschen anspruchsvoller, als sich wie die EU-Vorderen in schwammigen Szenarien der »differenzierten Integration« zu verlieren.

Schön wäre es, wenn wir die Angst vor diesem Prozess überwinden könnten – in dem Vertrauen, dass wir schon einmal, 1989, eine partielle Neugründung Europas geschafft haben. Oder wenn wir uns gar darüber freuen würden, die Generation zu sein, die einen solchen Prozess gestalten darf! Der Abgrund des systemischen Rechtspopulismus in Europa sollte Ansporn genug sein, sich auf den Weg zu machen. Jedem Anfang wohnt ein Zauber inne, wusste schon Hermann Hesse.

Der neue politische Körper, der politische Überbau Europas, kann nicht ohne wirtschaftlichen und sozialen Unterbau bestehen. Die Beendigung des europäischen Bürgerkriegs hat die Beendigung der Euro- und Bankenkrise zur Voraussetzung. Die politische Neugründung Europas setzt den europäischen Rütlischwur aufs Geld voraus. Eurobonds, europäische Arbeitslosenversicherung und Schuldenschnitt sind drei Eckpunkte dafür. *No taxation without representation* heißt das Prinzip, das es jetzt, europaweit und transnational, zu organisieren gilt, in einer neuen europäischen Demokratie.

Teil III
Der Weg nach Europa

Europäischer Vormärz

»Aber ganz sicher, diese gewaltige Sache, die europäische Republik, werden wir haben.«
Victor Hugo

Beseelt vom Einheitswunsch und Freiheitsgedanken im Nachklang der Französischen Revolution, verfasste Johann Gottlieb Fichte 1808 seine »Reden an die deutsche Nation«, die es damals noch gar nicht gab. Nation war als Chiffre für Einheit und nicht für völkische Tümelei zu verstehen; Deutschsein stand im deutschen Idealismus für geistiges Weltbürgertum und Universalgeschichte. Fichte nahm sozusagen den vom irischen Politikwissenschaftler Benedict Anderson eingeführten Begriff der *imagined community* vorweg, der »vorgestellten Gemeinschaft«, die im Kopf anfängt, bevor sie Wirklichkeit wird.

Für Europa gilt heute das Gleiche. Die Rede haben wir schon. Es ist jener komplett gegen den Zeitgeist gebürstete *Discours à la nation Européenne* des französischen Philosophen Julien Benda, verfasst 1932 unter Bezugnahme auf Fichte und den deutschen Idealismus. Auch hier ist Nation als Chiffre für Einheit zu lesen und nicht nationalistisch. Die Rede gilt es wiederzuentdecken als Warnung vor den politischen und zivilisatorischen Folgen eines Bedeutungsverlusts des humanistischen Wertekanons. Sie ist im Grunde eine Abrechnung mit der säkularisierten Moderne, wie sie aktueller nicht sein könnte. Eine Relativierung moralischer Prinzipien kommt für Benda im Sinne des europäischen *Geistes* nicht in Frage. Auch könne Europa nie durch wirtschaftliche Kooperation allein erzielt werden. Das »Zurück zum Binnenmarkt«-Szenario des Jean-Claude Juncker hätte befremdetes Kopfschütteln ausgelöst. Bendas Rede ist im Gegenteil eine Regieanweisung für die politische Integration.

Fichtes Begehren war es, den Impuls von *Liberté, Égalité, Fraternité* auf das deutsche Einheitsstreben zu übertragen. Seine Reden initiierten einen nationalen Aufbruch, der spätestens mit dem Hambacher Fest 1832 zu einer emanzipatorischen Bewegung wurde, und zwar von unten, getrieben von den Bürgern Deutschlands. Gesucht wird heute also ein europäisches Hambach, das in einen europäischen Vormärz mündet – als Aufbegehren gegen Kleinstaaterei und Reaktion! Wie damals geht es heute um bürgerliche Opposition gegen die Restauration, um Einheit, Freiheit und Volkssouveränität. Die Stärke des Vormärz, die vom Hambacher Fest ausging, bestand in der Sammlung einer großen – damals nationalen – Bewegung, die sowohl vom Gleichheits- als auch vom Freiheitsversprechen beflügelt war. Heute müsste es eine europäische Bewegung sein. Auch damals ging das nicht von heute auf morgen, der Prozess zog sich über Jahrzehnte hin, die Freiheit und Einheit der Bürger wollte erkämpft werden, beginnend mit der Zollunion. Die bürgerlich-demokratische und nationale Einheits- und Freiheitsbewegung gegen die Restaurationsbestrebungen der Heiligen Allianz mündete schließlich im Zuge der Revolution von 1848/49 in Wahlen zur verfassunggebenden Nationalversammlung in der Paulskirche. Von da war es noch ein weiter Weg zur Wahl des Reichstags des Norddeutschen Bundes 1867 mit einem damals in jeder Hinsicht revolutionären allgemeinen, gleichen und direkten Wahlrecht.

Genau das ist heute der Schlüssel für ein geeintes Europa: ein allgemeines, gleiches und direktes Wahlrecht für alle europäischen Bürger, diesmal nicht jenseits von Ständen, sondern jenseits von Nationen. »Eine Person, eine Stimme« ist der nächste wichtige Schritt, wenn es gilt, auf unserem Kontinent eine politische Einheit zu begründen, die die wirtschaftliche Einheit erst legitimiert. Erst dann kann das Europäische Parlament zum Sachwalter einer europäischen Demokratie werden, die ihren Namen verdient und deren Souverän die europäischen Bürger sind. Anders formuliert: Wir müssen das Erbe der Französischen Revolution europäisieren und die damals genommene Abbiegung in Richtung Nationalstaaten überwinden. Die Republik muss europäisch werden! Aus der Bundes*republik*, der *République* Française, der *Republik* Österreich, der *Repubblica* Italiana oder der *Rzeczpospolita* Polska etc. wird eine *Europäische* Republik durch allgemeine und gleiche Wahlen, begründet auf dem Gleichheitsgrundsatz aller europäischen Bürger.

In ihren Betrachtungen über die Französische Revolution weist Hannah Arendt darauf hin, dass es eine ihrer größten Fehlleistungen war, die Souveränität, deren Übergabe an das Volk ja das revolutionäre Begehren schlechthin war, letztlich vom König, der geköpft wurde, auf den (National-)Staat zu übertragen. Dabei gehe es doch bei einer Revolution im Kern um die Aufhebung des Konflikts zwischen Beherrschten und Herrschern – den wir heute wiederfinden, wenn sich das Volk gegen die Elite stellt. Souveränität wird nach Arendt vom Nationalstaat als »absolutem Souverän«, den sie in einer Linie erst mit dem Papst, dann mit dem König sieht, immer usurpiert. »Alle Souveränität geht vom Volke aus und kehrt so schnell nicht wieder« lautet ein Bonmot von Kurt Tucholsky. Arendt ist der Anti-Hobbes, wenn man so will: Die Republik als Erbe der Französischen Revolution sei keine Übertragung von Herrschaft auf den (National-)Staat, sondern ein Vertrag unter Bürgern. Denn die Nation, das heißt das durch den Nationalstaat politisch emanzipierte Volk, habe stets eine verhängnisvolle Neigung gezeigt, seine Souveränität an Diktatoren und Führer aller Art abzugeben.

Das klingt verblüffend aktuell. Im Nationalstaat, so Arendt, habe die nationale Zugehörigkeit Vorrang vor der Demokratie – das mussten wir in der europäischen Geschichte des Öfteren schmerzlich erfahren. Die im Gefolge der Französischen Revolution geformten Nationalstaaten haben sich in mehreren eruptiven Bewegungen im 19. und 20. Jahrhundert blutig gegeneinandergestellt. Sind wir wirklich gefeit davor, dass dies unter den Bedingungen des 21. Jahrhunderts nicht wieder passiert? Der Nationalismus in seiner Borniertheit und der Nationalstaat in seiner wesensmäßigen Unfähigkeit, die eigenen Grenzen legitim zu transzendieren, bildeten die denkbar schlechtesten Voraussetzungen, um dauerhaft Kriege und Konflikte zu vermeiden. Nicht der Nationalstaat, aber der Handel transzendiert die Grenzen, und das nicht immer zum Nutzen derer, die ihre Märkte öffnen müssen, siehe EU. Dieses Spannungsverhältnis kann nur über ein politisches und föderales Europa aufgehoben werden.

Die heutige Usurpation der Macht durch den Europäischen Rat, in dem eben nur die Nationalstaaten vertreten sind, wurde von Jürgen Habermas als »Exekutiv-Föderalismus« bezeichnet. Der Europäische Rat ist darum das entscheidende Hindernis auf dem Weg zur europäischen Demokratie. »Die berühmte Souveränität von politischen Körpern«, schreibt Arendt, »war immer eine Illusion. Wenn der Mensch frei sein will, dann muss er genau auf Souveränität verzichten.« Denn niemand lebe allein, also könne auch keiner ein »Recht auf Nicht-Einmischung«, die moderne Definition von Souveränität, für sich geltend machen, schon gar nicht innerhalb Europas. Es geht also um die Organisation von Macht ohne nationalstaatliche Souveränität. Die Republik beruht auf der rigorosen Trennung von Gesetz und Macht. Dies gilt es, sich heute für Europa zunutze zu machen. Der europäische Gesellschaftsvertrag muss horizontal, also über Grenzen hinweg und direkt zwischen europäischen Bürgern, nicht vertikal zwischen Bürgern und Nationalstaaten organisiert werden. Der europäische Föderalismus, so Arendt, wäre kein »*intergouvernementaler* Föderalismus« zwischen Staaten, sondern ein transnationaler, »*integraler* Föderalismus« zwischen Personen. Das wäre die Basis für eine europäische *constituante,* aus der eine Europäische Republik jenseits von Nationalstaaten hervorgehen würde. Das Erbe der Französischen Revolution wäre europäisiert und aus seiner nationalstaatlichen Engführung befreit.

Dieses Konzept war genau das, was die europäischen Föderalisten der ersten Stunde vor Augen hatten. Unmittelbar nach dem Zweiten Weltkrieg gab es von Norwegen über die Tschechoslowakei und Frankreich bis hin zu Italien nur ein Bemühen: Europa nicht wieder auf den Grundmauern eines überlebten Systems sakrosankter nationalstaatlicher Souveränität aufzubauen. Geprägt vom Geist der *Résistance,* formulierten die damaligen französischen und italienischen Aktivisten schon 1942: »An der Stelle eines Europas, das unter der Knute eines von seiner Macht berauschten Deutschlands nicht geeint, sondern geknechtet ist, werden wir gemeinsam mit den anderen europäischen Völkern ein geeintes, auf der Grundlage gleichen Rechts organisiertes Europa in Freiheit, Gleichheit und Brüderlichkeit aufbauen.« Ungezählte europäische Bewegungen versuchten in der Zeit, als die europäische Geschichte noch offen war, also zwischen 1945 und 1949, aus ihren Konzepten reale Politik zu machen. Exemplarisch hierfür mag das »Hertensteiner Programm der Europäischen Föderalisten« vom September 1946 stehen. Vorschläge, in ganz Europa *ein* Parlament mit Wahlrechtsgleichheit und Wahlkreisen mit einem Volksvertreter pro eine Million Wähler zu wählen, lagen bereits damals auf dem Tisch. Doch dann fror der sich anbahnende Kalte Krieg Europa gleichsam ein und zwang den Kontinent zurück auf die nationalstaatliche Spur – und in die Remilitarisierung. Höchste Zeit, diese Konzepte wieder hervorzuholen und einen neuen Anlauf zu nehmen!

Die damaligen Föderalisten, zum Beispiel Alexandre Marc oder Denis de Rougemont, standen in der Tradition der »Personalisten«, einer *integralen* föderalen europäischen Bewegung, die schon 1932 in Zeitschriften wie *Esprit* und *L'Ordre nouveau* diskutiert wurde und an die sich Hannah Arendts Begriff der Föderation anlehnt. 1947 formulierte Rougemont: »Es gibt nicht zwei Lager, nicht ›die Linke‹ oder ›die Rechte‹. ... Nicht der Sozialismus oder der Kapitalismus, wovon sich der eine national, der andere staatlich geben will. ... Sondern es ist der Totalitarismus, und es ist der Föderalismus, eine Drohung und eine Hoffnung. Diese Antithese dominiert unser Jahrhundert, sie ist das wirkliche Drama ...« Das entspricht ganz der Überzeugung Arendts, dass sich die Französische Revolution letztlich zeitgleich in den Nationalstaat und den Sozialismus verlaufen habe, wo doch schlicht die Republik die Lösung wäre, indem durch Vertrag unter Gleichen das vertikale Verhältnis zwischen Herrschern und Beherrschten überwunden wird – und *nur* dies die Freiheit begründet.

Vor diesem Hintergrund mag man Dantons Ausruf von 1793 verstehen: »Unaufhörlich muss ich es wiederholen: Unterstützt die ... Republik, unterstützt sie um jeden Preis. Wenn der Tempel der Freiheit fest steht, wird das Volk ihn zu schmücken wissen.« Auf das heutige Europa übertragen heißt das: Nein, es geht nicht um die »Vereinigten Staaten von Europa« und auch nicht um die vieldiskutierte »Kompetenzabgabe« an die europäische Ebene, um die sich die EU-Mitgliedsstaaten ohnehin erfolgreich herummogeln. Sondern es geht um die Verortung der politischen Macht bei den europäischen Bürgern und die Artikulation derselben in einem europäischen System von *checks and balances,* jenseits von Nationalstaaten. In der aktuellen politischen Dissoziation der Nationalstaaten sollten die europäischen Bürger als *aufgelöste Menge* Arendt und der Republik folgen, also dem horizontalen Vertrag unter Bürgern, und nicht Hobbes und seinem vertikalen Vertrag zwischen dem Staat als Souverän und dem »Volk«.

Eine Europäische Republik wäre dann die Föderation vieler regionaler Einheiten ohne nationale Zwischeninstanz. Schon bei Montesquieu steht zu lesen, dass die einzelnen Elemente einer Föderation immer klein sein müssen, um bürgernah zu sein. Deshalb spielten bei den europäischen Föderalisten der ersten Stunde die Regionen im Sinne des Subsidiaritätsprinzips eine zentrale Rolle. Ein föderaler Aufbau vollzieht sich immer von unten, von Gruppen und Gemeinden aus, um Diversität und Komplexität zu bewahren. In den Nationalstaaten, so Rougemont, würden Vaterland, Staat, Nation und Sprache in eins gesetzt oder verwechselt. Dabei handele es sich um verschiedene Ebenen: Gefühle, Ideologie, Verwaltung und Kultur. Die Nation wird hier also in ihre verschiedenen Elemente dekonstruiert. Geht es heute z. B. beim schottischen Aufbegehren gegen den Brexit oder beim wallonischen gegen CETA nicht genau darum? Ist die Nation hier Schottland, England oder Großbritannien? Und wo ist Nation überhaupt deckungsgleich mit Staatlichkeit?

Eine föderale Struktur, so Rougemont, könne nicht auf ein einziges politisches Wesensmerkmal gegründet werden wie gemeinsame Geschichte, Geographie, Sprache, Tradition oder Wirtschaft, sondern nur auf »Räume der Teilhabe des Bürgers am öffentlichen Leben, die durch Trauben von Gemeinden gebildet werden«. Was den europäischen Föderalisten – und übrigens auch dem ersten deutschen Präsidenten der Kommission Walter Hallstein – also vorschwebte, war eine »Föderation der Föderationen« auf der Grundlage der Gleichheit des Rechts, bestehend aus vielen kleinen, weitgehend autonomen Einheiten. Genau das wäre das Modell für die Neugründung Europas, zumal das partizipative Begehren und der Wunsch nach *commons*, nach Allmende, ein Comeback feiern. Weder Nationen noch Nationalstaaten werden dafür gebraucht. Die Schweiz könnte zum Vorbild für ein so föderiertes Europa werden – Rougemont war übrigens Schweizer: Weitgehend autonome Kantone, aber alle Schweizer Bürger sind gleich vor dem (föderalen) Recht und haben im Übrigen den Rütlischwur auf das gemeinsame Geld geschworen. Die Eidgenossen könnten bei der Europäischen Republik dann auch gleich mitmachen, anstatt wie derzeit in ihrem Vertragswirrwarr mit der EU zu ersticken.

Die Gründungsväter der heutigen EU – Adenauer, De Gaulle, De Gasperi, Spaak – stolperten unter dem Druck des Eisernen Vorhangs – und gegen den entschiedenen Widerstand von Altiero Spinelli und anderen! – dann doch wieder in einen nationalstaatlichen Föderalismus. Darum sind wir 1957 bei den Römischen Verträgen, 1992 bei Maastricht und schließlich 2007 bei Lissabon gelandet und verlaufen uns immer mehr in »variablen Geometrien« und »konzentrischen Kreisen« (Juncker) – in abstrakten Konstrukten, die sicherlich keine einheitsstiftende Wirkung in Europa entfalten.

Übrigens gab es im Zuge der Maastrichter Vertragsverhandlungen im Juni 1991 vor allem von Seiten der CDU den Versuch, an die Konzepte der 1940er Jahre anzuknüpfen und die Idee eines Europas der Regionen wiederzubeleben, der sich in der »Düsseldorfer Erklärung« niederschlug. Rund 160 Regionen waren damals versammelt und an dieser Erklärung beteiligt. Das ist erst 25 Jahre her! Daran sollten wir heute anknüpfen und diesmal eine andere Abbiegung nehmen, d. h., eine Europäische Republik begründen, die, auf dem Grundsatz der Gleichheit ihrer Bürger, dezentral von europäischen Regionen getragen wird. Die europäische Wahlrechtsgleichheit, d. h., die Wahl eines europäischen Parlaments auf der Grundlage des Prinzips »eine Person, eine Stimme« für *alle* wahlberechtigten europäischen Bürger wäre die Bedingung dafür, denn bisher gibt es im Europäischen Parlament eine Stimmengewichtung nach Nationalität.

Die Neubegründung Europas – *Politics tops Nation*

»Wir vereinigen keine Staaten, wir einen Menschen.«
                                                        Jean Monnet

Wahlrechtsgleichheit als erster und wichtigster Schritt für die Neubegründung Europas könnte *die* griffige Losung werden für all diejenigen, die sich inzwischen allsonntäglich auf europäischen Plätzen versammeln, um das europäische Projekt zu verteidigen. Mit Verteidigung allein ist es indes nicht mehr getan. Eine Verteidigung setzt voraus, dass das, was man verteidigt, von Bestand ist. Von der EU, die sich derzeit vor den Augen der Zeitzeugen aufribbelt wie ein Wollpullover, bei dem eine Masche fallen gelassen wurde, kann man das nicht behaupten. Bestandssicherung der EU kann also nicht das Ziel sein. So kann der europäische Bürgerkrieg im Sinne des europäischen Geistes nicht gewonnen werden. Die Rechtspopulisten, das muss klar formuliert werden, sind vorerst im Vorteil, nicht nur, weil sie gut organisiert sind, sondern vor allem, weil sie ein klares Ziel vor Augen und vor allem einen Machtanspruch haben, dem die verstörte Zivilgesellschaft derzeit nichts entgegenzusetzen weiß. Sie halten die politischen Systeme in einer Reihe von europäischen Ländern fest im Zangengriff, betreiben dezidiert die Zerstörung der bestehenden Ordnung durch eine gezielte »Öffentlichkeitsarbeit« in den sozialen Netzwerken und wissen in einigen Ländern rund 30 Prozent der Bevölkerung hinter sich. Da kann die aufgeklärte Zivilgesellschaft sich nicht mit Demonstrationen begnügen, denen bei aller positiven Energie etwas Hilfloses anhaftet.

Europa ja, aber was heißt das konkret? Da keine der etablierten Parteien das Korrelat der proeuropäischen Akteure ist – was sollen sie auch mit #ichbinEuropa-Demos anfangen? –, kann sich die zivilgesellschaftliche Energie politisch nicht Bahn brechen, weil man »europäisches Engagement« nicht wählen kann. Gegenüber den strammen Rechtspopulisten erscheint die Zivilgesellschaft darum wie ein aufgescheuchter Hühnerhaufen, aber nicht als politisches Subjekt im europäischen Bürgerkrieg. Sie kann wenig gestalten. Wer stellt sich schon gern neben Björn Höcke mit dem Megaphon auf den Dresdener Marktplatz? Die Intellektuellen diskutieren selbstreferentiell über die Gründe, warum die europäische Demokratie gerade scheitert, und machen online Aufrufe, während die Rechten die Straße bevölkern, marschieren oder randalieren. Es herrscht keine Waffengleichheit, wenn die Medien über rechte Gewalt berichten, aber nicht über die 200 000 Bürger, die auf *Avaaz* oder *WeMove* für eine proeuropäische Petition klicken; wenn die einen mit Argumenten antreten, die anderen aber mit Fackeln und Baseballschlägern; wenn man für die einen ein Kreuz in der Wahlkabine machen kann und für die anderen nicht; wenn die einen die Selbstverteidigung, die anderen den Rechtsweg wählen. Bei politischer Sabotage zieht die Korrektheit den Kürzeren, das ist die Gefahr. So erscheinen die Rechtspopulisten im europäischen Bürgerkrieg haushoch überlegen, obgleich sie es nicht sind. Die derzeitigen Foren, Aktivitäten und Demonstrationen sind zunächst nichts als ein emotionales Bekenntnis zu Europa, zumindest in Westeuropa. In Polen oder Rumänien hingegen, wo der Abriss der Demokratie längst begonnen hat, haben die Demonstrationen gegen Korruption, gegen die Verschärfung der Abtreibungsgesetze oder gegen die Einschränkung der Medien bereits politische Relevanz; sie werden nur noch nicht paneuropäisch miteinander verknüpft.

Nein, das Ruder muss herumgerissen, der Trend umgekehrt werden. Europa als Projekt der Moderne und als Hort der Zivilgesellschaft muss dringend sein nächstes Ziel ins Auge fassen, und das lautet: *Politics must top Nation!* Anders formuliert: Ein Ruck muss durch Europa gehen, wir müssen jetzt ernst machen mit Europa! Mit »EU-Reförmchen« ist es nicht mehr getan, für ein Europa der »verschiedenen Geschwindigkeiten« oder für europäisches *cherry picking* geht kein Mensch auf die Straße. Der europäische Vormärz als emanzipatorische Sammlungsbewegung der besorgten Bürger braucht einen Slogan: Dem *Exit* muss *Einheit* entgegengeschmettert werden. Und diese muss konkret ausbuchstabiert werden, sie braucht eine politische Agenda. Die Forderung nach Wahlrechtsgleichheit im Vorfeld der nächsten Wahlen zum Europäischen Parlament 2019 wäre eine solche. Die Gegenbewegung zu Pegida, Wilders, Le Pen & Co. ist gerade dabei, sich zu formieren, Trump und Brexit liefern den Ansporn, sich damit zu beeilen. *#pulseofeurope* ist derzeit der sichtbare Ausdruck einer bürgerlichen Sammlungsbewegung, der Antipode zu Pegida, man könnte sie die »europäischen Sonntagsdemonstrationen« nennen. Diese Bewegung könnte der Nukleus eines europäischen Vormärz werden. Indes, es steht *Menge* gegen *Menge*, keine kann für sich beanspruchen, *das Volk* zu sein. Die Schlacht um die europäische Zukunft ist nicht entschieden. Welche Menge den europäischen Bürgerkrieg für sich entscheidet, ist offen – zumal der größte Teil des »Volkes« noch auf dem Sofa sitzt.

Bei allen emanzipatorischen Bewegungen geht es um Gleichstellung, seien es die Suffragetten oder die Schwarzen unter Martin Luther King. Nur wo das Politische konkret wird, lässt sich Masse organisieren und Anschlussfähigkeit generieren. Mit der Forderung nach Wahlrechtsgleichheit könnte die europäische Zivilgesellschaft Europa einen politischen Impuls von großer Wirkungsmächtigkeit geben. Während *more democracy* oder *more Europe* abstrakte Forderungen sind, ist die Forderung nach Wahlrechtsgleichheit zugleich griffig und personalisierbar, soll heißen, jeder hat persönlich etwas davon! Es wäre sinnbildlich das Ende des europäischen Bürgerkriegs, die Katharsis, die große politische Versöhnung, weil Nord und Süd, Ost und West bei einer gemeinsamen Sache gleichgestellt würden. Keiner wäre Europäer zweiter Klasse; keiner wäre gleicher als gleich, Nationalität wäre keine Distinktion mehr. Der europäische *Geist* im Sinne von Zweig und Benda hätte gewonnen und eine rechtliche Materialisierung gefunden. Das Banner des europäischen Vormärz könnte in jeder europäischen Stadt hochgehalten werden. Das erst wäre die Basis für *eine* europäische Demokratie, der erste, entscheidende Schritt! Europa bedeutet nicht, Staaten zu vereinigen, sondern Menschen zu einen, schrieb Jean Monnet.

Die Politikwissenschaft hat die transzendierende Wirkung von Wahlrechtsgleichheit gut erforscht. In seinem Buch *Le sacre du citoyen* beschreibt der französische Historiker Pierre Rosanvallon anschaulich die Wirkung des Gleichheitsversprechens, das jeder demokratischen Revolution zugrunde liegt, auf Gesellschaften. Das rechtliche Prinzip hat eine symbolische Wirkung, die nach und nach ihre universalistische Integrationsmacht entfaltet. Die Bürger fühlen sich als Teil eines politischen Kollektivs. Genau das ebnet den Weg zur Neubegründung des politischen Körpers Europas, und dieser wiederum ist Voraussetzung für die europäische Demokratie. Das allgemeine, gleiche Wahlrecht war immer schon Ausdruck einer gesellschaftlichen Modernisierung – und nichts brauchen wir in Europa heute dringlicher als das. Anstatt also auf die Nationalstaaten und ihre Regierungschefs zu schauen und darauf zu warten, dass sie Europa integrieren oder »mehr Europa« realisieren, sollten wir uns über die Forderung nach Wahlrechtsgleichheit in einen dynamischen Prozess begeben, der uns zu Europäern macht und die Tür zur europäischen Demokratie öffnet.

Nun wird sofort der Einwand kommen, dass ein solcher Schritt die großen Staaten, allen voran Deutschland, gegenüber den kleinen wie Luxemburg oder Malta benachteiligt. Aber das ist ja genau der Punkt: *Politics tops Nation!* Stimmen denn etwa alle Deutschen gleich ab? Wir hätten endlich ein Parlament, in dem das Politische über die Nationalität gestellt wäre. Das ist zwar auch der Anspruch des Europaparlaments (EP). Aber dieses ist weder der Gesetzgeber der EU, noch beruht es auf Wahlrechtsgleichheit. Es ist nicht der Ort der europäischen Demokratie, eben weil es nicht in allgemeiner und gleicher Wahl gewählt ist und mithin den Souverän Europas, die europäischen Bürger, nicht angemessen repräsentiert und obendrein kein Initiativrecht hat.

Genau dies ist übrigens im Kern die Argumentation des Bundesverfassungsgerichts in Karlsruhe und seiner berühmten »Solange«-Rechtsprechung: Solange das EP nicht »richtig demokratisch« ist, weil die Modalitäten seiner Wahl von Land zu Land unterschiedlich sind, die europäischen Bürger also nicht nach dem Prinzip »eine Person, eine Stimme« repräsentiert werden, kann ihm die legislative Gewalt nicht überantwortet werden. Aus diesem Grund hat Karlsruhe 2009 im Zuge der Ratifizierung des Lissabonner Vertrags mit dem »Integrationsverantwortungsgesetz« den Bundestag aufgefordert, eine Kontrollfunktion bezüglich des EP einzunehmen, womit indes deutlich wird, dass das eigentliche Parlament, das über europäische Dinge zu entscheiden hat, in diesem Fall der Bundestag ist. Aber eine *europäische* Demokratie kann nicht funktionieren, wenn originär europäische Entscheidungen vom Bundestag gefällt werden (das Votum des Bundestags und nicht des EP war entscheidend für die griechischen *Bail-out*-Pakete); schließlich wählen ja nicht alle europäischen Bürger den Deutschen Bundestag. Aber wie lange ist »solange«? Bis zum Sankt-Nimmerleins-Tag? Wollen wir auf die europäische Demokratie warten wie auf Godot? Wenn wir Europa aus dem »Solange«-Modus herausbugsieren wollen, kann es keinen anderen Weg geben, als das EP auf Dauer so demokratisch zu machen, dass es keinen Hinderungsgrund mehr gibt, ihm das volle Legislativrecht zu gewähren.

Wahlrechtsgleichheit ist also der erste Schritt zur europäischen Demokratie. Sie zu fordern ist alles andere als radikal. Spätestens seit dem *European Electoral Reform Act* von 1976, durch den 1979 die ersten Direktwahlen zum Europaparlament möglich wurden, arbeitet das EP an genau diesem Ziel. Generationen von Politikern haben sich ihr gewidmet, angefangen mit dem italienischen KP-Abgeordneten Altiero Spinelli. Seit seiner Direktwahl versucht das EP, ein verfassungsrechtlich schon verankertes *European citizenship* auf dem Grundsatz bürgerlicher Gleichheit zu verwirklichen, indes nur mit verhaltenem Erfolg. Der jüngste, parlamentsinterne Vorstoß war der Hübner-Leinen-Report, der im November 2015 mit großer, überparteilicher Mehrheit vom EP angenommen wurde und der auf weitestgehende Vereinheitlichung der Wahlmodalitäten in ganz Europa drängt, inklusive der seit langem angestrebten transnationalen Wahlkreise. In ihm fehlt allerdings das zugleich sensibelste und zentralste Element: eine Person, eine Stimme. Genau dies aber wäre der Sprung in die volle Föderierung Europas und der Startschuss für eine europäische Staatsbürgerschaft mit direkt aus ihr abgeleiteten materiellen Bürgerrechten, die für alle Bürger Europas gleich sein müssten. Wenn wir der europäischen Demokratie Richtung und Zukunft geben wollen, müssen wir genau hierauf drängen. Die Stimmengewichtung gehört, wie in allen föderalen Systemen der Welt, in eine zweite Kammer, über die im Detail nachzudenken wäre.

In die zweite Kammer könnten die europäischen Regionen, ganz im Sinne der Föderalisten der ersten Stunde, je zwei Vertreter entsenden, die einen europäischen Senat bilden. Dazu könnte man, wie jetzt schon in vielen Wahlprogrammen aufgeführt, einen europäischen Präsidenten direkt wählen, der eine einheitsstiftende Wirkung hätte. Das ist zwar alles (noch) Zukunftsmusik, aber es wäre ein Ausweg aus den aktuellen Frontstellungen im europäischen Bürgerkrieg, in dem zunehmend Regionen aus dem politischen Körper der Nationalstaaten ausbrechen, z. B. Schottland angesichts des drohenden Brexits oder auch Nordirland, von Katalonien, wo ein Referendum über die Unabhängigkeit ansteht, ganz zu schweigen. Warum nicht diesen Trend für die Neubegründung Europas nutzen, anstatt ihn zu bekämpfen? Es geht nicht um europäischen Zentralismus, im Gegenteil: Nicht umsonst ging es bei den *Federalist Papers*, aus denen das republikanisch-föderale System der USA hervorging, nicht um Macht*beschneidung* der föderalen Ebene, sondern um Macht*teilung*, also *checks and balances*. Europa soll viel Macht haben, nur eben nicht in *einer* Hand – wie heute im Falle des EU-Rats. Das politische System Europas wäre effizienter und entschlackt. Die zähen Debatten, wie viele Kompetenzen die Nationalstaaten an die europäische Ebene abzugeben bereit sind, könnten wir uns sparen – sie führen in die Irre.

Es geht nicht um Kompetenzabgabe, sondern um Gewaltenteilung in Europa. Mit einem solchen Zweikammer-System in einer Europäischen Republik der Regionen schlagen wir zwei Fliegen mit einer Klappe: Wir begründen *eine* europäische Demokratie und beenden das Demokratiedefizit; und wir erhöhen den Stellenwert der Regionen im politischen System Europas, also ihre Entscheidungsgewalt und Autonomie im Sinne dezentraler, subsidiärer, partizipativer und bürgernaher Gestaltung von Politik. Und das alles ganz ohne nationales Plebiszit! Wir stimmen schlicht und ergreifend über das sowieso gemeinsame Schicksal unseres Kontinents gemeinsam ab, und nicht mehr etwa nur *die* Niederländer über ein Assoziierungsabkommen mit der Ukraine, nur *die* Briten über ihren EU-Austritt usw. Aus dem nationalen Abstimmungsmodus muss Europa dringend heraus!

Das klingt theoretisch, ist aber sehr konkret: Alle derzeitigen Diskussionen z. B. über die Erhöhung der sogenannten *fiscal capacity*, alle Rufe nach einem »europäischen Finanzminister« oder einer »Eurozonen-Regierung« kranken an der Tatsache, dass die Legitimität dafür im derzeitigen System der EU nicht gegeben ist. Wer würde sie kontrollieren? Wem gegenüber wären sie rechenschaftspflichtig? Ein Finanzministerrat ist schließlich kein Parlament! Deswegen schlägt jetzt z. B. der französische Wirtschaftswissenschaftler Thomas Piketty eine Parlamentarische Versammlung für die Eurozone vor, die, proportional nach Parteien zusammengesetzt, aus nationalen Parlamentariern bestehen soll, jeweils gemessen an der Bevölkerungsstärke eines Landes. Das wären dann z. B. 30 Bundestagsabgeordnete, 25 von der *Assemblée Nationale* etc. Der Vorschlag zielt genau auf jenes *Politics tops Nation* ab, das so dringend für die europäische Entscheidungsfindung gebraucht wird. Würde diese Parlamentarische Versammlung z. B. über die Höhe griechischer Unternehmensbesteuerung abstimmen, ergäbe sich ein viel differenzierteres Abstimmungsverhalten, da das Votum politisch aufgefächert und nicht mehr national aggregiert wäre. Bedenkt man dann noch, dass Deutschland rund 27 Prozent der Bevölkerung in der Eurozone stellt, Frankreich, Italien und Spanien zusammen auf 50 Prozent und alle anderen Länder auf 23 Prozent kommen, dann liegt auf der Hand, dass in einer solchen Parlamentarischen Versammlung ganz andere Beschlüsse etwa zum Euro zustande kämen als heute im Finanzministerrat. Das wäre gleichsam eine Vorstufe zur Wahlrechtsgleichheit, zumal dem Vorschlag zufolge die nationalen Vertreter dieser Parlamentarischen Versammlung zugleich Mitglieder des EP sein sollen. Das zielt letztlich auf eine Fusion von nationalem und europäischem Parlament bzw. auf die Aufwertung des Letzteren durch die Verkopplung von nationaler und europäischer Legitimität.

Was die derzeitigen Überlegungen zu Kerneuropa betrifft, so gilt es zu vermeiden, in die Falle der erneuten Ost-West-Spaltung zu tappen und damit die Revolution von 1989 zu verraten. Die Sorge der Osteuropäer, durch die aktuellen Juncker-Szenarien eiskalt abgehängt zu werden, ist mit Händen zu greifen. Freuen tut sich darüber allein Putin. Alle Überlegungen zu einer demokratischen Weiterentwicklung der Eurozone sollten daher verknüpft werden mit einem Stufenplan, die Osteuropäer schnellstmöglich in den Euro zu holen, so wie das in der ersten Dekade dieses Jahrhunderts bereits geplant war. Eurozone und EU 28 müssen Schritt für Schritt kongruent gemacht werden, wenn Europa wirtschaftlich, politisch und strategisch funktionieren soll. Denn der inhärente Zusammenhang von Währung und Strategie wird bei dem aktuellen Gerede über ein Europa der verschiedenen Geschwindigkeiten geflissentlich übersehen. Genau darum sehen Ökonomen in den Bereichen Soziales und Sicherheit *parallel* Potential für eine europäische Föderierung. Der fiskalische Föderalismus schafft die Bedingung für die politische Einheit, und diese wiederum ist Grundlage für die Sicherheit Europas.

Das aber geht nur in einer *europäischen* Demokratie. Wer sein Geld zusammenlegt, muss über die Frage von Krieg und Frieden schon allein deswegen gemeinsam entscheiden, weil Kriege viel Geld kosten, sagte der damalige außenpolitische Sprecher der CDU/CSU-Fraktion Karl Lamers schon 1992. Frankreich hat 2011 für die humanitäre Mission in Libyen, um die Deutschland sich mit Enthaltung im UN-Sicherheitsrat herumgedrückt hat, eine Million Euro pro Tag ausgegeben, nur um im darauffolgenden Jahr von der EU-Kommission gesagt zu bekommen, es müsse drastische Haushaltseinsparungen vornehmen. Aber die Mehrausgaben für den Libyen-Einsatz behebt man nicht mit »Strukturreformen«. Wo es, auch im Bereich der Verteidigung, um gesellschaftliche Präferenzen geht – was wollen wir als Europäer gemeinsam unternehmen, um unsere Werte zu verteidigen? –, wird klar, wie tautologisch der Begriff »*Wirtschafts*regierung« ist, um den es in der Europadiskussion immer wieder geht. Welches Regieren hat nichts mit Wirtschaft zu tun? Welches Ministerium kommt ohne Budget aus? Sicherheit hier, Euro da, wird in Europa auf Dauer nicht funktionieren. Regierung muss aus einem Guss sein!

Die große Reformation oder: Europa üben

»*Always try, always fail. Try harder, fail better.*«
Samuel Beckett

Wir schaffen kein demokratisches Europa, ohne zu üben. Europäischer Bürger zu sein muss man üben wie alles andere auch: Schwimmen, Radfahren oder Klavier spielen. »Nur der Charakter der Bürger erschafft und erhält den Staat und macht politische und bürgerliche Freiheit möglich«, schrieb

Friedrich Schiller. Die europäischen Bürger brauchen also dringend eine Lernerfahrung, in der sie sich als gemeinsamen politischen Körper verstehen lernen. Denn bekanntlich lernt man nicht nur kognitiv, sondern vor allem über Erfahrung, sonst würden nicht alle auf die Herdplatte fassen müssen. Erst wenn man durch Erfahrung lernt, dass das, was man übt, auch geht, und zwar immer besser geht, lässt man, wie beim Fahrrad, irgendwann die Stützräder weg, in diesem Fall den Nationalstaat.

Im ganz realpolitischen und gar nicht utopischen Raum bewegt sich der Vorschlag einer personalisierten Unionsbürgerschaft für Briten, die der Vorsitzende der liberalen ALDE-Fraktion im EP Guy Verhofstadt fordert. Briten, die das wünschen, sollen nach dem Austritt Großbritanniens aus der EU die Möglichkeit erhalten, Unionsbürger zu bleiben. Vor allem für diejenigen Briten, die im europäischen Ausland gelebt oder gearbeitet, Rentenansprüche erworben oder gar Familie haben, ist das interessant. Mit der Initiative für eine europäische Staatsbürgerschaft wäre eine Schleuse geöffnet, denn was den Briten zusteht, müsste konsequenterweise allen europäischen Bürgern zustehen. Mit dem Gang zum EuGH müsste erreicht werden, dass alle europäischen Bürger eine solche personalisierte Unionsbürgerschaft für sich reklamieren können. Dies wäre eine entscheidende Wegmarke, um das politische System in Europa von einer »Staatenunion«, die im Wesentlichen über einen nur indirekt legitimierten EU-Rat regiert wird, in eine wirkliche europäische Demokratie zu überführen. In ihr muss gelten: Die Bürger sind der Souverän, vor dem Recht sind alle gleich, das Parlament entscheidet, und es herrscht Gewaltenteilung. Es wäre die große Reformation Europas im Sinne des europäischen Geistes!

Es ist der Kern des europäischen Bürgerkriegs, dass wir als nationale Staatsbürger sozial und ökonomisch zueinander in

Konkurrenz gesetzt werden. Dies hat jene sozialen und politischen Verwerfungen – rechtspopulistische Strömungen im Norden, anti-elitistische und linksradikale Strömungen im Süden – hervorgebracht, die wir jetzt beklagen. Mit der Gleichsetzung der Bürger vor dem Recht entfernen wir genau jenen Stachel aus dem europäischen Fleisch, damit diese klaffende europäische Wunde heilen kann. Wahlrechtsgleichheit, steuerliche Gleichheit und gleicher Zugang zu sozialen Rechten hieße die Formel, um aus *one market* und *one currency* endlich *one democracy* zu machen. Nationalität darf kein Wettbewerbsvorteil sein, deutsche Staatsanleihen dürfen nicht billiger sein als italienische. Alle, die derzeit auf *#IamEuropean* klicken und von *European citizenship* reden, kommen nicht daran vorbei, dass alle Bürger einer politischen Einheit vor dem Recht gleichgestellt sein müssen. Wo alle Bürger gleich sind, kann niemand aufgrund seiner Nationalität bevorzugt oder diskriminiert werden, besteht nicht mehr die Gefahr, dass wir uns wieder in nationalen *beauty contests* verlaufen. Das ist schwierig und kostet Geld? Geschenkt! Welche Unsummen werden die Abwicklung der europäischen Demokratie, der Brexit oder die Zerschlagung des Euro kosten? Haben wir wirklich geglaubt, Europa koste nichts und sei ein *free lunch*?

Für die soziale Komponente dieser Idee liegen schon konkrete Entwürfe mit Gegenfinanzierung vor. Eine europäische Grundsicherung könnte z. B. über eine Finanztransaktionssteuer finanziert werden. Diese würde das Armutsrisiko in den reichen EU-Ländern und den Migrationsdruck in den ärmeren mindern. Für eine solche Lenkungsabgabe müsste die heilige Kuh nationaler Souveränität zunächst nicht einmal angetastet werden. Es ginge darum, Geld von der Finanzwirtschaft, die die Staaten in den letzten Jahren durch die Bankenrettung extrem belastet hat, in die Realwirtschaft umzuleiten. Gefördert würden der soziale Frieden und das Einheitsgefühl. Würden z. B. nicht nur der Ver- oder Ankauf von Aktien oder Anleihen besteuert, sondern jede finanzielle Transaktion, wäre das Aufkommen Berechnungen zufolge mehr als hundertmal so hoch wie das europäische Bruttoinlandsprodukt. Für ein europäisches Grundeinkommen von rund 400 Euro pro Monat wäre also eine Transaktionssteuer von weniger als 0,01 Prozent ausreichend. Auch die Vorschläge für eine europäische Arbeitslosenversicherung rechnen aus, dass diese ohne Vertragsreform machbar wäre und sich auf rund ein Prozent des BIP des Euroraums belaufen würde, deutlich weniger als die Bankenrettung oder der Europäische Stabilitätsmechanismus (ESM), in den 500 Milliarden Euro gesteckt wurden. Sollte Europa uns das nicht wert sein?

Ob eine europäische Arbeitslosenversicherung, Grundsicherung oder Fiskalunion, alle drei sind notwendig, um die soziale Krise in Europa zu überwinden. Doch sie können nicht gelingen, wenn die politische Legitimität in Europa nicht neu organisiert wird. Dem stimmen auch konservative Ökonomen zu, z. B. Hans-Werner Sinn: »Ein gemeinsamer europäischer Staat würde jenen bindenden Versicherungskontrakt konstituieren, auf dessen Basis man eine Fiskalunion und eine gegenseitige Risikoteilung zwischen erfolgreichen und weniger erfolgreichen Teilregionen vielleicht realisieren könnte. Doch kann die Fiskalunion nicht vor der Gründung dieses Staates kommen.« Man kann nicht den Karren vor die Pferde spannen. Na dann! Spannen wir also die Pferde vor den Karren! Anders formuliert: Wenn wir diese Henne-Ei-Situation auflösen wollen, dass wir in Europa nicht tun können, was wir tun müssten, um den Euro wirtschaftlich und sozial resilient zu machen, dann sollten wir unsere Energie für einen politischen Gründungsakt verwenden, der dies zukünftig ermöglicht.

Voraussetzung wäre die Durchsetzung des allgemeinen politischen Gleichheitsgrundsatzes, für den Mehrheiten organisiert werden müssten und für dessen Akzeptanz es dringend ein europäisches Meinungsbild bräuchte: »Sind Sie der Überzeugung, dass alle europäischen BürgerInnen zukünftig gleich sein sollen bei Wahlen, Steuern und beim Zugang zu sozialen Rechten?« Die Antwort wissen wir nicht, weil wir nie danach gefragt haben. Egal, ob das Eurobarometer diese Frage in seinen Fragenkatalog aufnimmt, ob dazu eine methodisch saubere Umfrage europaweit durchgeführt wird oder ob gar eine oder mehrere politische Parteien sich diese Forderung auf ihre Fahne schreiben – es wäre ein Schritt zur republikanischen Erziehung zum europäischen Geist, von der Stefan Zweig sprach. Ohne Üben kommen wir nie in Europa an.

Aus der Wahlrechtsgleichheit ergibt sich der nächste Schritt der großen europäischen Reformation, nämlich jener, die europäische Staatsbürgerschaft materiell auszubuchstabieren. Wir haben 1992 den Euro auf die Zeitschiene gesetzt und in drei Schritten zwischen 1994 und 2002 die Währungsunion geschaffen. Innerhalb von zehn Jahren wurden von Lappland bis zur Südspitze der Algarve alle Geldautomaten mit Euros ausgestattet. Jeder europäische Bürger hat eine IBAN-Nummer bekommen. Sollte es nicht möglich sein, in einem auf 10, 15, 25 Jahre angelegten Prozess dafür zu sorgen, dass wir von Tampere bis Thessaloniki Wahlrechtsgleichheit haben? Und dann einen europäischen Pass, eine europäische ID und eine europäische Steuernummer bekommen? Und zuletzt eine europäische Arbeitslosenversicherung und ein europäisches Bürgergeld? Warum eigentlich nicht? Das wäre die Agenda des europäischen Vormärz und der großen Reformation Europas. Aufbruchstimmung in Europa! Die allgemeine Mobilisierung durch ein konkretes Ziel und ein konkretes Datum – die EP-Wahlen 2019 als Startschuss – könnte ein großer europäischer Showdown mit einheitsstiftender Wirkung sein. Wir hätten zwei Jahre Zeit, das vorzubereiten – und Unheil bei den EP-Wahlen abzuwenden.

Nichts ist dümmer als das oft bemühte Argument, die »Völker« seien »für Europa noch nicht reif« oder »zu unterschiedlich« oder sie »wollten das einfach nicht«. Haben wir es denn je ausprobiert? Wissen wir, was gemeinsam möglich ist? Oft wird ins Feld geführt, es gebe keine europäische Öffentlichkeit. Aber haben wir uns je bemüht, eine solche zu schaffen? Zum Beispiel dadurch, dass wir im Vorfeld der nächsten EP-Wahlen 2019 ein politisches Projekt wie das beschriebene formulieren, zu dem sich alle gesellschaftlichen Gruppen von den Kirchen über Gewerkschaften bis hin zu Fußballverbänden, von Studenten über Arbeitnehmer bis zu Senioren positionieren könnten?

Es ist, wie Giorgio Agamben gesagt hat: Der Politisierung kann sich im Bürgerkrieg niemand entziehen. Jeder wäre gezwungen, Position zu beziehen und in seinem Umfeld dafür oder dagegen zu werben. Mit den gegebenen technologischen Mitteln würde sich die transnationale europäische Öffentlichkeit wie von selbst einstellen, die es im Übrigen schon längst gibt – im Fußball, in der Kultur, in der Wissenschaft, im Tourismus, nur eben im politischen Raum noch nicht. Es müssten in allen Sprachen alle gesellschaftlichen Gruppen angesprochen werden. Europa wäre kein Elitenprojekt mehr. Man könnte europäische Talkshows organisieren, in denen neben Deutschen auch Polen, Franzosen, Finnen oder Portugiesen sitzen. Da würde dann nicht mehr allgemein über »mehr oder weniger Europa« geschwafelt, sondern ganz konkret über Wahlrechtsgleichheit, europäische Arbeitslosenversicherung oder *European citizenship* gestritten. Das bisschen Übersetzung kriegen wir auch noch hin. Indien schafft es, eine Demokratie mit 29 Landessprachen, 17 Schriftsprachen und einer hohen Analphabeten-Quote zu organisieren, da können wir uns nicht ernsthaft auf ein Sprachenproblem berufen. Eine Rangfolge von Haupt- und Nebensprachen darf es nicht geben.

Und dann lassen wir uns einmal überraschen. Was kann denn passieren? Im schlimmsten Fall zeigt sich niemand interessiert – Enzensbergers zynische Analyse der Teilnahmslosigkeit würde bestätigt. Das wäre insofern peinlich, als wir uns gerade echauffieren, Europa »retten« zu wollen, aber nicht bereit sind, Nägel mit Köpfen zu machen. Im zweitschlimmsten Fall kommt keine Mehrheit für ein Europa auf der Grundlage der politischen Gleichheit aller Bürger zustande. Das wäre schade, aber dann sollten wir wenigstens jedes Gerede über ein demokratisches und soziales Europa umgehend einstellen. Wir wären der Sonntagsreden und Lippenbekenntnisse, der Träumerei oder Naivität überführt. Wir würden wieder in nationalstaatliche Konkurrenz zurückfallen, Europa als Projekt der Moderne beenden, den Rechtspopulisten sowie amerikanischen und europäischen Parvenüs das Feld überlassen. Dann wären die Feierlichkeiten zum 60. Jahrestag der Römischen Verträge im März 2017 ein letzter Abgesang auf das europäische Friedensprojekt gewesen. Wir würden uns in ein Europa der »verschiedenen Geschwindigkeiten« einsortieren und ein paar Initiativen vielleicht im sicherheitspolitischen Bereich oder in der Elektromobilität verfolgen, aber im Grunde wäre jeder davon überzeugt, dass die EU, so wie die Dinge liegen, derzeit nur in eine Richtung führt: in die Abwicklung Europas.

Die heutige Europäische Union ist nicht stabil. Ohne einen entscheidenden Schritt nach vorn wird sie nicht zu erhalten sein. Also stellen wir uns doch eine Sekunde vor, wir wären die Generation, die es schafft, diesen entscheidenden Schritt zu gehen und den allgemeinen politischen Gleichheitsgrundsatz in Europa auf das politische Gleis zu setzen. Könnten wir nicht stolz sein? Die normative, also rechtliche Gleichheit in Europa muss wichtiger sein als die Nationalität, und jede Partei, die sich Europa auf die Fahne schreibt, muss eigentlich dazu stehen, sonst verrät sie das politische Erbe der Aufklärung und den europäischen Geist.

Zum Schluss

Machen wir uns nichts vor: Wenn die Rechtspopulisten mit ihrer Kritik an Europa einen wunden Punkt treffen, nämlich den, dass Europa weder richtig konstitutionalisiert noch sozial ist, dann bekämpfen wir sie nicht durch Ausgrenzung, sondern dadurch, dass wir Europa demokratisch und sozial machen. Mit bloßen Abwehrreflexen ist hier kein Blumentopf mehr zu gewinnen. Die Bringschuld liegt bei der politischen Mitte und besteht darin, ernst mit Europa zu machen. Es reicht auch nicht, den Rechtspopulisten stets zu antworten, dass die Lösungen auf komplexe Probleme eben kompliziert und sie zu dumm seien, diese Lösungen zu verstehen. Die unangenehme Wahrheit für die politische Mitte, die jetzt händeringend, aber heuchlerisch Europa verteidigt, ist nicht, dass es keine einfachen Lösungen gäbe, sondern dass die angemessenen Lösungen zu teuer sind. Das aber ist etwas ganz anderes! Es ist die Scheinheiligkeit der nationalen politischen Eliten, die den Preis für Europa aus jeweils parteipolitischem Kalkül nicht zu zahlen bereit sind, unter der Europa heute am meisten leidet.

Je länger wir diesem Schauspiel zugucken, desto schwieriger dürfte es werden, noch die Kurve zu kriegen. Längst sind tiefe gesellschaftliche Umwälzungen am Werk, und diese *deep-society*-Bewegungen arbeiten gegen den europäischen Geist. Wo der Staat überall an Autorität verliert, verlagert sich der europäische Bürgerkrieg in die sozialen Netzwerke oder auf die Straße. Wo es der Zivilgesellschaft nicht gelingt, sich in einen neuen politischen Körper zu verwandeln und Europa in ein zukunftsfähiges politisches Projekt zu überführen, bleibt auch *#pulseofeurope* nur ein hehres Unterfangen.

Die eigentliche Frage lautet: Wollen wir wirklich eine europäische Demokratie – oder doch nur einen Markt und eine Währung? Wenn Letzteres, dann würden wir uns de facto in Richtung des chinesischen Paradigmas bewegen, dass nämlich Konsum ohne Demokratie und Freiheit eigentlich ganz gut funktioniert. Zahlreiche gesellschaftliche Mechanismen, angefangen beim Bildungsverfall, sind längst im Gang, um eine solche Entwicklung systemisch zu befördern. *Democracy is so overrated*, heißt es in *House of Cards*. All denen mit einer *couch-potato*-Mentalität dürfte es egal sein, welchen politischen Überbau Europa hat, solange sie nur ihr eigenes klein- oder großbürgerliches Ding machen können, solange die materielle und soziale Sicherheit wenigstens halbwegs gewährleistet sind. *Fair enough*. Aber wenn es so ist, dann sollten wir vor Augen haben, dass die Rechtspopulisten und ihre klammheimlichen Unterstützer die Überhand gewinnen und die europäischen Gesellschaften von innen zersetzen. Sie streuen neue nationale Erzählungen, wecken identitäre Emotionen in Zeiten der Angst und befördern subtil autoritäre Tendenzen. Sie könnten am Ende die Schlacht zwischen Geist und Ungeist in Europa gewinnen.

Kurz: Den europäischen Bürgerkrieg überwinden wir nicht durch die Bekämpfung der Rechtspopulisten, nicht durch eine Frontstellung zwischen liberaler und illiberaler Demokratie, sondern allein durch das historisch überfällige Ausscheren aus der nationalen Spur. Die Probleme des Politischen heute – die Auflösung des Rechts-links-Schemas, die gefährliche Konfrontation von Volk und Elite und schließlich die unsinnige Gegenüberstellung von Nation und Europa – ließen sich alle zugleich transzendieren durch ein neu verfasstes Europa, in dem die Organisation des europäischen Gemeinwohls, die *res publica europaea*, das zentrale Ziel wäre. Dafür brauchen wir keine Nationen, sondern das Politische als Strukturmerkmal Europas. Das wäre ein europäischer Gesellschaftsvertrag für das 21. Jahrhundert jenseits von Nationalstaaten, in dem endlich aus einem Markt und einer Währung auch *eine* Demokratie wird. Aus der europäischen Krise, deren Zeugen wir sind, kommen wir nicht gegeneinander heraus, sondern nur gemeinsam.

Die meisten Deutschen haben verstanden, dass es ohne Europa nicht geht, dass die Gestaltung, nicht die Zerschlagung des europäischen Kontinents das gemeinsame Interesse sein muss. Wenn es überhaupt so etwas wie ein deutsches Interesse gibt, dann das. Wer wollte ernsthaft behaupten, wir könnten nur in einem Nationalstaat frei sein und demokratisch leben, und das inmitten eines Europas, das vom Sturm erfasst wird? Auf alten Europakarten ist Deutschland mitunter als das Herz dargestellt, das den Kontinent mit Blut versorgt. Alles hängt vom Herzen ab. Vernunft, so Kant, ist durch das Herz gebrochener Verstand. Dass Europa notwendigerweise eine spirituelle Dimension haben muss, war nicht zuletzt das Credo von Stefan Zweig. Das sollten wir uns als Deutsche mit Blick auf Europa sprichwörtlich zu Herzen nehmen. Die Initiative für die Neubegründung Europas wird wahrscheinlich nicht von Malta, Litauen oder Portugal ausgehen. Deutschland aber könnte einen europäischen Vormärz einleiten. Er hätte aber nur dann eine Chance, wenn er als auf dem europäischen Geist basierendes Diskussionsangebot an die Partner daherkäme und nicht als hegemoniale Gebärde.

Theorie, Kunst, Forschung, Wissenschaft und Kultur haben sich vom Nationalstaat schon längst verabschiedet. Im Haus der Kulturen der Welt in Berlin gab es im März 2017 eine Ausstellung »*What comes after Nations?*«. Das Gebäude liegt in unmittelbarer Nähe zum Bundestag, und man kann nur hoffen, dass viele Abgeordnete dort vorbeigeschaut haben, um sich ein Bild von dem zu machen, was nach den Nationen kommt. Vielleicht ist das nationale Aufbäumen der Rechtspopulisten nur eine Art sublimierte Trauer darüber, dass der Nationalstaat im Grunde nicht mehr funktioniert. Lange hat er das sehr gut getan. Er hat sich fast zweihundert Jahre wacker gehalten und Europa und seine Gesellschaften durch immer neue Modernisierungsschübe gelotst, bevor es dann im letzten Jahrhundert brutal schiefging. Zumindest mit Blick auf Europa lässt sich heute sagen, dass seine Zeit vorbei ist.

Schließlich hat Europa wirklich Dringenderes zu tun, als eine weitere nationale Runde zu drehen: Wir müssen die Wirtschaft 4.0 bewältigen und einen neuen Begriff von Arbeit entwickeln, damit wir, wie Hannah Arendt spekulierte, nicht übereinander herfallen wie die Tiere, wenn uns demnächst vor lauter Robotern die Arbeit ausgeht. Wir müssen Afrika modernisieren, das Klima retten und den Flüchtlingen helfen, um nur einiges zu nennen. Wir müssen den europäischen Geist durch das Zeitalter der digitalen Steuerung von Gesellschaften tragen, da die Koppelung von politischen und ökonomischen Interessen mit digitaler Kybernetik tendenziell gefährlich ist und den Ungeist befördert. Für nichts von alledem ist der Nationalstaat wirklich geeignet oder hilfreich. Nur mit Maßnahmen für »mehr Sicherheit« aber schafft Europa das alles auch nicht. Überhaupt dürfte es kaum etwas von diesen Aufgaben schaffen, solange es nicht richtig *verfasst* ist.

Mit diesem Vorschlag für eine schrittweise politische Neugründung Europas ist keines der drängenden Alltagsprobleme Europas gelöst, ich weiß. Weder, wie wir Putin daran hindern, die Rechtspopulisten zu unterstützen, noch, wie mit einer autoritären Türkei umzugehen ist, noch, wie viele Flüchtlinge realistischerweise in Europa aufgenommen werden können, noch, wie der Terrorgefahr zu begegnen ist oder wie die *fake news* oder die Atomisierung der Gesellschaft bekämpft werden können. Darum hat sich diese kleine Streitschrift auf die alles entscheidende Aufgabe konzentriert: die Reparatur des politischen Maschinenraums Europas. All diese Probleme können nicht auf einen Schlag gelöst werden, aber erst seine politische und institutionelle Renovierung wird Europa in die Lage versetzen, sich Schritt für Schritt deren Lösung zu widmen, anstatt wie derzeit alle Energien auf die Selbstzerfleischung zu richten. Europa braucht ein klares Ziel, eine Richtung und Perspektive, eine emanzipatorische Agenda und eine *konkrete Idee* von sich selbst. Eigentlich stehen wir kurz vor dem Ziel und haben alle Möglichkeiten, die nationale Abzweigung diesmal nicht zu nehmen und den einen Markt und die eine Währung, die wir bereits haben, um *eine* Demokratie zu ergänzen. Gleiche Rechte für gleiche Bürger! Wir sind die Bürgerinnen und Bürger Europas! Es lebe die Europäische Republik!

Auswahlbibliographie

Acemoğlu, Daron, *The Economic Origins of Democracy and Dictatorship*, Cambridge 2006
Agamben, Giorgio, *Stasis. Der Bürgerkrieg als politisches Paradigma*, Frankfurt/M. 2016
Arendt, Hannah, *Elemente und Ursachen totaler Herrschaft*, München 2003
Dies., *Was ist Politik?*, München 2003
Dies., *Über die Revolution*, München 2003
Asbach, Olaf, *Europa – Vom Mythos zur Imagined Community?*, Hannover 2011
Badiou, Alain, *Wider den globalen Kapitalismus*, Berlin 2016
Balibar, Étienne, *Gleichfreiheit*, Berlin 2012
Ders., *Europa: Krise und Ende*, Münster 2016
Beck, Ulrich, *Macht und Gegenmacht im globalen Zeitalter*, Frankfurt/M. 2002
Benda, Julien, *Discours à la Nation Européenne*, Paris 1992
Blom, Philipp, *Die zerrissenen Jahre: 1918–1938*, Berlin 2014
Büssgen, Antje, *Umwege zu einem geeinten Europa*, Schriftenreihe des Stefan Zweig Centre Salzburg, Bd. 6, 2017
Canetti, Elias, *Die Fackel im Ohr. Lebensgeschichte 1921–1931*, Frankfurt/M. 1982
Elias, Norbert, *Über den Prozess der Zivilisation*, Frankfurt/M. 2010
Enzensberger, Hans Magnus, *Aussichten auf den Bürgerkrieg*, Frankfurt/M. 1993
Ders., *Sanftes Monster Brüssel oder Die Entmündigung Europas*, Berlin 2011
Ders., *Versuche über den Unfrieden*, Berlin 2015
Eribon, Didier, *Rückkehr nach Reims*, Berlin 2016
Ford, Martin, *Aufstieg der Roboter: Wie unsere Arbeitswelt gerade auf den Kopf gestellt wird*, Kulmbach 2016
Geiselberger, Heinrich (Hrsg.), *Die große Regression. Eine internationale Debatte über die geistige Situation der Zeit*, Berlin 2017

Guérot, Ulrike, *Warum Europa eine Republik werden muss. Eine politische Utopie*, Bonn 2016

Dies., »Vom ›Heißen Krieg‹ zum ›Kalten Frieden‹ und zurück«, in: *Kursbuch 188*, 2015

Dies., »Die Metamorphose der französischen Republik«, in: *Leviathan 2/2015*

Heuer, Wolfgang, *Föderation – Hannah Arendts politische Grammatik des Gründens*, Hannover 2016

Hessel, Stéphane, *Empört euch!*, Berlin 2011

Honneth, Axel, *Versuch einer Aktualisierung des Sozialismus*, Berlin 2015

Leggewie, Claus, *Anti-Europäer, Breivik, Dugin, al-Suri & Co*, Berlin 2016

Lordon, Frédéric, *La Malfaçon*, Arles 2014

Nachtwey, Oliver, *Die Abstiegsgesellschaft. Über das Aufbegehren in der regressiven Moderne*, Berlin 2016

Negt, Oskar, *Gesellschaftsentwurf Europa. Plädoyer für ein gerechtes Gemeinwesen*, Göttingen 2012

Polanyi, Karl, *The Great Transformation – Politische und ökonomische Ursprünge von Gesellschaften und Wirtschaftssystemen*, Frankfurt/M. 1973

Rosanvallon, Pierre, *Die gute Regierung*, Hamburg 2016

Ders., *Die Gesellschaft der Gleichen*, Hamburg 2013

Schmitt, Carl, *Positionen und Begriffe. Im Kampf mit Weimar – Genf – Versailles 1923–1939*, Berlin 2014

Sinn, Hans-Werner, *Der Euro: Von der Friedensidee zum Zankapfel*, München 2015

Theweleit, Klaus, *Männerphantasien, 1. Band: Frauen, Fluten. Körper, Geschichte*, Frankfurt/M. 1977

Van Reybrouck, David, *Gegen Wahlen. Warum Abstimmen nicht demokratisch ist*, Göttingen 2016

Wörgötter, Martina (Hrsg.), *Stefan Zweig. Positionen der Moderne*, Würzburg 2016

Zweig, Stefan, »Der europäische Gedanke in seiner historischen Entwicklung«, in: ders., *Die schlaflose Welt. Essays 1909–1941*, Frankfurt/M. 1990

Ders., »Die Erziehung zum republikanischen Bewusstsein«, in: ders., *Die schlaflose Welt. Essays 1909–1941*, Frankfurt/M. 1990

Ders., *Appels aux Européens*, Paris 2014

ISBN 978-3-549-07491-6
© Ullstein Buchverlage GmbH, Berlin 2017
Alle Rechte vorbehalten
Gesetzt aus der Adobe Garamond
Lektorat: Christian Seeger
Umschlaggestaltung: Sabine Wimmer, Berlin
Umschlagfoto: Ullsteinbild – Müller-Stauffenberg
Satz: LVD GmbH, Berlin
Druck und Bindung: CPI books GmbH, Leck
Printed in Germany